BIOÉTICA
Temas para el debate
Vol. 2

Eduardo García Peregrín

© Eduardo García Peregrín

© BIOÉTICA. TEMAS PARA EL DEBATE. Vol. 2

ISBN papel: 978-84-686-6912-0

ISBN digital: 978-84-686-6913-7

Impreso en España

Editado por Bubok Publishing S.L

Presentación

El libro que tienes entre las manos, querido amigo, recoge una serie de artículos publicados en la revista "Novafar" y, posteriormente, "Farmanova" entre los años 2007 y 2014. Esta revista puede considerarse como continuación de "Hefagra", editada por la Hermandad Farmacéutica Granadina, siendo en este caso editada por varias Cooperativas Farmacéuticas de Andalucía, Baleares y Canarias.

A ellas les agradezco la confianza que han depositado en mí al mantener una sección sobre "Bioética", en la que he pretendido exponer mis puntos de vista sobre diferentes temas que se han ido presentando a lo largo de estos años y que podían ayudar a formar una opinión personal basada en los fundamentos éticos y jurídicos necesarios para poder intervenir en las diferentes foros en que el farmacéutico puede verse implicado. Cualquier persona tiene el derecho e, incluso, el deber de mostrar su opinión ante los demás, pero debe ser consciente de la necesidad de que esta opinión, para que sea aceptable, debe estar perfectamente fundamentada. A esto he pretendido contribuir modestamente durante estos últimos años.

Se trata del segundo volumen sobre esta temática, ya que el primero fue editado hace unos años en base a los artículos publicados en la revista "Hefagra". Como entonces, he presentado los artículos de acuerdo con la fecha en que vieron la luz, ya que así se puede entender mejor su interés de acuerdo con el momento y las circunstancias en que fueron escritos. Muchas gracias.

Reconocimiento jurídico de la objeción de conciencia

Novafar, 2007

El Tribunal Superior de Justicia de Andalucía (TSJA) emitió el pasado 8 de Enero una sentencia en la que reconoce el derecho de los farmacéuticos a no dispensar la llamada "píldora del día después" (pdd) aduciendo su derecho a la objeción de conciencia. De esta forma se resuelve el último de los recursos presentados por la Asociación Nacional para la Defensa del Derecho a la Objeción de Conciencia (ANDOC) contra la orden de la Junta de Andalucía de 2001 sobre la dispensación de la mencionada píldora.

El principio activo de la ppd es el levonorgestrel, una hormona sintética del grupo de los gestágenos, semejante a la progesterona. Por lo hoy conocemos, y de acuerdo con la OMS, se acepta que puede actuar a tres niveles: inhibe la ovulación si no se ha producido, impide la fecundación del óvulo y evita la implantación del óvulo fecundado en el endometrio. Sin embargo, carece de efecto sobre el embrión ya implantado. Su eficacia media para evitar el embarazo está relacionada con el tiempo transcurrido desde el coito: un máximo del 95% si se empieza a tomar el primer día, un 85% en el segundo día y sólo un 58% en el tercero, siendo siempre necesario tomar una segunda dosis 12 horas después de la primera.

En cualquier caso, lo que parece claro es que se trata de un método de emergencia y, como tal, debe ser utilizado sólo en situaciones excepcionales. Diversos especialistas han alertado sobre el peligro de que reemplace a otros métodos anticonceptivos, usándose con esta función de forma habitual, especialmente durante los fines de semana.

La ANDOC presentó diversos recursos sobre la obligación de dispensar la pdd por los farmacéuticos basándose en su posible efecto abortivo. La presente sentencia del TSJA ratifica la postura, ya manifestada por el Tribunal Supremo en Abril de 2005, de que los farmacéuticos tienen derecho a la objeción de conciencia ante aquellas normas que les obliguen a actuar en contra de sus convicciones éticas o morales en la dispensación de determinados medicamentos. El tema presenta múltiples perfiles, algunos de los cuales vamos a intentar analizar por separado.

El principal problema es su posible consideración como abortiva, término éste que depende en último extremo del concepto de aborto que se maneje en función del estatuto ontológico y ético del embrión humano, una de las cuestiones que continúan suscitando más controversia dentro del mundo de la Bioética actual. No podemos entretenernos en este punto sobre los datos que la moderna biología del desarrollo proporciona frente a este problema. Básicamente, estos datos son compatibles con la afirmación de la existencia de un nuevo ser vivo humano una vez finalizada la fecundación, aunque esté sometido a múltiples transformaciones e interacciones desde el punto de vista de sus determinaciones adventicias.

Uno de los factores más esgrimidos en contra de la consideración del cigoto como un ser humano digno de todo respeto es la carencia de individualidad y unicidad, que se traduce en la posibilidad de formación de gemelos o de quimeras antes de su implantación. Sin embargo, esta posibilidad no demuestra en absoluto que en el embrión original no hubiera la "unidad en la totalidad" que constituye un individuo. Cada vez es más aceptado que durante el desarrollo embrionario hay una unidad y una continuidad, tanto a escala morfológica como molecular. Esta unidad está fundamentada en el nuevo genoma, que no es el del padre ni el de la madre, sino el suyo propio, que lo va a identificar y especificar como un nuevo individuo humano. De acuerdo con esto, la pdd puede ser considerada como abortiva, en cuanto impide la anidación del óvulo fecundado.

Sin embargo, la legislación española otorga el estatuto biológico al embrión humano sólo a partir del día 14 de la fecundación, proponiendo el término "preembrión" para designar *el embrión "in vitro" constituido por el grupo de células resultantes de la división progresiva del ovocito desde que es fecundado hasta 14 días más tarde"* (Art. 1.2, Ley 14/2006, sobre Técnicas de Reproducción Humana Asistida). La misma definición es mantenida en el Proyecto de Ley de Investigación Biomédica, en trámite de discusión.

Sin pretender hacer aquí un estudio exhaustivo de dichas leyes desde el punto de vista de la Bioética (cosa que posiblemente emprenderemos en otra ocasión), sí hay que destacar una vez más que el concepto de "preembrión" no tiene ningún significado biológico, siendo utilizado a partir del famoso "Informe Warnock" como una manipulación de palabras y bajo los efectos de fuertes presiones desde fuera de la comunidad científica, tal como manifestaron entonces algunos de los autores de dicho informe.

Conscientes de esta carencia de sentido biológico, el legislador emplea esta definición de "preembrión" *"sólo a los efectos de esta ley"*, es decir, se permite dar una definición de un término biológico sólo para legislar. Pero dejando aparte estas consideraciones, lo cierto es que siguiendo el criterio de la legislación española, la utilización de la pdd en las 72 horas después del coito no supone la realización de un aborto, por no haberse producido todavía la implantación del llamado "preembrión". Como vemos, el problema reside en considerar el embrión de menos de 14 días como un ser vivo sujeto de derechos o no considerarlo como tal.

La sentencia del TSJA continúa obligando a las farmacias a disponer de este medicamento, como ordena de norma de la Junta sobre existencias mínimas. En efecto, la orden de 1 de Junio de 2001 de la Consejería de Salud por la que se actualizaba el anexo del Decreto 104/2001 de 30 de Abril consideraba la pdd como un producto de tenencia obligatoria para todas las oficinas de farmacia, acogiéndose al concepto de medicamento tal como aparece en nuestra actual legislación (Art. 8, Ley 25/1990 de 20 de Diciembre del Medicamento). Pues bien, la sentencia no respalda la impugnación de la norma, pero el farmacéutico tendrá derecho a alegar objeción de conciencia para dispensarla, creando así una situación un poco ambigua: estará obligado a tenerla en el almacén hasta su caducidad y a reponerla después, aunque nunca la dispense.

Uno de los aspectos más interesantes de esta sentencia desde el punto de vista de la Bioética es el reconocimiento oficial del derecho de los farmacéuticos a la objeción de conciencia ante aquellas normas que les obliguen a actuar en contra de sus convicciones éticas o morales en la dispensación de determinados medicamentos, teniendo en cuenta así mismo el artículo 28 del Código de Ética Farmacéutica que establece que la responsabilidad y libertad del farmacéutico le faculta para ejercer este derecho, respetando a la vez la libertad y el derecho a la vida y la salud del paciente.

Quizás puede parecer extraño el hecho de que, viviendo en una sociedad cada vez más secularizada, se haga mención a la conciencia como expresión reguladora de aquello que va a dictar, en último extremo, un determinado comportamiento. Sin embargo, desde un punto de vista puramente ético, la objeción de conciencia ha sido considerada como una de las conquistas más importantes de nuestros días, ya que convierte al objetor en un verdadero agente moral, libre y responsable de sus actos. De esta forma, al oponerse al cumplimiento de una norma considerada contraria a su conciencia –plena y rectamente formada– cualquier objetor habrá alcanzado un alto nivel de dignidad humana.

Aunque históricamente se hayan aducido razones principalmente religiosas para la objeción de conciencia, cada día aparece más claro el hecho de que puede y debe fundarse en los principios éticos del individuo. Los derechos fundamentales del hombre residen en el mismo hombre, en su naturaleza humana, y no pueden ser establecidos por vía de referéndum o de mayoría política. Una mayoría puede imponer una ley, pero no resuelve la cuestión acerca de la objetiva justicia o injusticia de esa ley. Por eso, el móvil principal de la objeción no es un móvil político, sino cumplir la propia voz de la conciencia, sin tratar de influir sobre los demás ni utilizarlos como instrumentos u obligarles a compartir sus criterios, porque eso iría en contra de la dignidad humana de los demás.

La objeción de conciencia tiene también unos claros fundamentos jurídicos sobre los que tampoco nos podemos extender en esta ocasión. Baste señalar que se trata de una desobediencia individual y estrictamente privada para realizar una determinada acción impuesta o tolerada por la legislación civil, con la intención de ser coherente con los propios principios morales.

En el Derecho español no se encuentra un reconocimiento general de la objeción de conciencia. Sin embargo, normalmente se considera que forma parte del contenido del derecho fundamental a la libertad ideológica y religiosa reconocido en el art. 16.1 de la Constitución que, en ausencia de norma que concretamente lo desarrolle, debe ser directamente aplicable e interpretado de conformidad con los tratados internacionales en materia de derechos humanos en los que España es parte. De esta forma, el Tribunal Constitucional ha emanado abundante jurisprudencia en la que reconoce la existencia de un derecho general a la objeción de conciencia fundado en el mencionado art. 16.1 de la Constitución.

En este sentido, es interesante destacar también que la Declaración de los Derechos Humanos de 10 de Diciembre de 1948 en su art. 18 reconoce esta posibilidad como uno de los derechos fundamentales del hombre: *"Todo individuo tiene derecho a la libertad de pensamiento, de conciencia y de religión"*.

De todo lo anterior se desprende la importancia de la mencionada sentencia. Si la razón última de la sanidad reside en salvar la vida o en mejorar la salud, el farmacéutico como profesional sanitario tiene el derecho a manifestar sin ambigüedad su posición en cuanto al respeto de la vida humana y a actuar de acuerdo con esos principios fundamentales. El derecho a la objeción de conciencia en las profesiones sanitarias frente a aquellas situaciones en que se considere en grave peligro la defensa de la vida estará, por lo tanto, plenamente justificado.

14

Fundamentos éticos y jurídicos de la objeción de conciencia

Novafar, 2007

Varios compañeros farmacéuticos me han pedido que amplíe distintos aspectos relacionados con el tema de la objeción de conciencia y la píldora del día después (pdd), tratado en el último artículo. Intentaré hacerlo. Para ello, en el presente artículo trataré los aspectos éticos y jurídicos de la objeción de conciencia, dejando para una ocasión posterior los aspectos profesionales del tema.

Fundamentos éticos

Como anteriormente veíamos, el término objeción de conciencia se emplea en la actualidad con una inusitada frecuencia, aplicándose a situaciones personales muy diferentes en las que cada uno pueda encontrarse. En un sentido muy general, la objeción de conciencia puede definirse como la pretensión de desobedecer una ley por razones axiológicas (no meramente psicológicas), de contenido primordialmente religioso o ideológico.

De forma más concreta, la podemos considerar como la negativa de un individuo a someterse, por motivos de conciencia, a una conducta que en principio le sería jurídicamente exigible, bien porque la obligación proviene de una norma, bien porque deriva de un contrato, de una resolución judicial o administrativa. Dicho con otras palabras, se trata de la resistencia que la conciencia personal opone a una ley o a un mandato de la autoridad por considerar que sus propias convicciones le impiden cumplirla. Esta resistencia debe tener un fundamento ético que lleve a la persona humana, en ejercicio de su plena libertad, a una actuación decidida en defensa de unas profundas convicciones personales que pone en confrontación con el medio que le rodea, con la sociedad en que vive y con toda una humanidad de la que no puede prescindir en sus relaciones.

El principal problema ético de la utilización de la pdd es su posible consideración como abortiva, ya que uno de sus efectos es el de impedir la implantación del óvulo fecundado en el endometrio. Aunque la Ley 14/2006 sobre técnicas de reproducción asistida y la posterior Ley de Investigación Biomédica distinguen entre los conceptos de preembrión (embrión "in vitro" desde la fecundación hasta catorce días más tarde) y embrión (ovocito fecundado en el útero hasta los cincuenta y seis días), lo cierto es que el Tribunal Constitucional ya avalaba en 1985 que el propio cigoto es sujeto de una vida humana propia, aunque dependiente de la madre, al afirmar en la STC 53/1985 que: *"la vida humana es un devenir, un proceso que comienza con la gestación, en el curso de la cual una realidad biológica va tomando corpórea y sensitivamente configuración humana, y que termina con la muerte; es un continuo sometido por efecto del tiempo a cambios cualitativos de naturaleza somática y psíquica que tienen un reflejo en el status jurídico público y privado del sujeto vital"*.

De esta forma reconocía que el nasciturus tiene vida humana desde el momento de la gestación, vida humana que exige una protección efectiva por parte del Estado que le obliga a dos acciones: abstenerse de interrumpir el proceso natural de la gestación y establecer un sistema legal de protección de la vida que incluya la sanción penal de quienes atenten contra ella.

La cuestión del lenguaje es más complicada de lo que parece. El Diccionario de la Real Academia Española coincide con la Organización Mundial de la Salud en asociar la acción de abortar con el proceso de embarazo. En efecto, de acuerdo con los conceptos manejados por la OMS, el embarazo comienza con la implantación del embrión en el útero. A favor de esta concepción se alega por sus defensores que los miles de embriones crioconservados que existen en el mundo tendrían la grotesca consideración de "embarazos extracorpóreos".

Por lo tanto, si se acepta que el aborto consiste en la interrupción voluntaria del embarazo, resultaría que la acción de eliminar un embrión todavía no implantado en el útero no podría llamarse en sentido estricto aborto, por lo que la píldora no se puede considerar como abortiva ya que en el momento de su utilización no ha habido todavía embarazo. Este planteamiento sirve así mismo como amparo jurídico de este fármaco, puesto que no hace falta incluirlo en ninguna de las tres indicaciones que justifican la despenalización del aborto.

Para la RAE abortar es *"interrumpir la hembra, de forma natural o provocada, el desarrollo del feto durante el embarazo"*. Aparte del mal uso del término feto para esta definición, el mismo diccionario considera el embarazo como *"estado en que se encuentra la hembra gestante"*, lo que nos remite al término gestación definido como: *"1.- Acción y efecto de gestar o gestarse. 2.- Embarazo o preñez"* y al término gestar definido como *"Llevar y sustentar la madre en sus entrañas el fruto vivo de la concepción hasta el momento del parto"*. Como vemos, del significado de ambos conceptos se deduce que la noción de "gestación" abarca todo el proceso que se inicia en la concepción y finaliza en el parto.

El aspecto semántico es muy importante, puesto que si se acepta que el embarazo (objeto de penalización, salvo en los tres supuestos despenalizados) comienza tras la implantación del embrión en el útero, la vida del embrión humano sólo estaría protegida desde ese momento, lo cual entra en colisión con la doctrina constitucional antes mencionada expresada en la STC 53/1985: la vida humana es un bien protegido constitucionalmente desde la gestación y en todas sus fases de desarrollo, independientemente de cual sea su grado o momento en que se encuentre.

Por eso, para muchos autores, si una nueva vida humana comienza con la concepción, lo más razonable sería hablar de embarazo desde ese estadio. De aquí que entiendan que hay aborto cuando se provoca la muerte del nasciturus, considerado como un bien constitucionalmente protegido.

Fundamentos jurídicos
Quizás sean los aspectos jurídicos los más interesantes en lo que respecta a la objeción de conciencia. Hemos dicho que se trata de la actitud de aquel que se niega al cumplimiento de una ley por mantenerse fiel a sus

convicciones interiores. Su fundamento es la desobediencia a la ley, situándose frente a lo más importante del Derecho que es la obediencia a la ley. El tema no es nuevo, sino que tiene raíces y formulaciones muy antiguas. Hobbes, Rousseau, Kant, Kelsen y otros muchos autores trataron de justificar por diversos caminos la necesidad de obediencia al Derecho. Sin embargo, en los años más recientes se está abriendo paso la posibilidad de desobediencia fundándose además en razones jurídicas, al dar a la conciencia del disidente un valor normativo. Es más, se ha llegado a afirmar que mientras que no hay fundamento ético para la obediencia al Derecho, sí hay fundamento ético para su desobediencia.

Diversos autores modernos justifican esta desobediencia tomando como base los llamados "principios morales secularizados", de tal manera que el Derecho no debe coaccionar a una persona para que haga lo que, sostiene, es moralmente malo. En general, la objeción de conciencia se concibe como el rechazo a la ley con intención de ser coherente con los propios principios y de proclamarlos, mientras que la desobediencia civil sería una forma cualificada de la anterior caracterizada por su ejercicio colectivo y planificado.

González-Vicén ha considerado a la objeción de conciencia como una decisión personal que sólo obliga al sujeto de esta conciencia, mientras que la desobediencia civil representa un intento de forzar la derogación de unas leyes o un cambio en la política de un gobierno. En este sentido, la desobediencia civil no se puede considerar como un derecho de la persona, como puede serlo la objeción de conciencia.

En el Derecho español no se encuentra un reconocimiento general de la objeción de conciencia; sólo el art. 30 de la Constitución lo recoge para el servicio militar, estableciendo una reserva de ley para su regulación. El único desarrollo legislativo de la libertad ideológica en España se encuentra en la Ley Orgánica de Libertad Religiosa, que establece el derecho de toda persona a *"profesar creencias religiosas que libremente elija o no profesar ninguna; cambiar de confesión o abandonar la que tenía; manifestar libremente sus propias creencias religiosas, a la ausencia de las mismas, o abstenerse de declarar sobre ellas"* (Ley Orgánica 5/1980 de 5 de Julio, art. 2.1).

El precepto no indica expresamente que el derecho a profesar o manifestar las creencias religiosas comprenda la posibilidad de incumplir obligaciones jurídicas incompatibles con la conciencia, pero el uso del término "manifestar" ha sido frecuentemente interpretado como comprensivo de todos aquellos actos que expresen un comportamiento conforme con las creencias de las personas, y eso incluiría la objeción de conciencia.

La diferencia entre la libertad ideológica señalada en el art. 16.1 de la Constitución y la libertad de conciencia es puramente formal: la objeción es el ejercicio de la libertad en presencia de un mandato jurídico incompatible con las convicciones religiosas. De ahí que la mayoría de los autores consideren la objeción de conciencia como un auténtico derecho fundamental, lo cual significa que su ejercicio no puede quedar limitado a unas situaciones concretas reguladas por la ley y, por otra parte, que debe gozar de presunción de legitimidad constitucional, siempre que se trate de una verdadera objeción de conciencia. Para esta mayoría de autores, la objeción de conciencia debe considerarse como un valor en sí misma, como una regla en vez de una excepción, con un lugar central en el ordenamiento jurídico y no marginal.

A falta de un desarrollo legislativo específico, la jurisprudencia constitucional ha jugado un papel muy importante en su configuración jurídica. En principio, el Tribunal Constitucional ha establecido en varias ocasiones que lo contenido en los derechos fundamentales es de inmediata aplicación, sin que se necesite una ley específica que lo desarrolle. No obstante, sus pronunciamientos en esta materia han sido contradictorios, por lo que no se puede deducir de ellos un cuerpo doctrinal preciso sobre la cobertura jurídica de la objeción de conciencia en nuestro Derecho.

Particularmente interesante por su relación con el aborto es la sentencia 53/1985 en respuesta al recurso de inconstitucionalidad planteado a la Ley Orgánica de Reforma del art. 417 bis del Código Penal. Según se recoge en dicha sentencia: *"La objeción de conciencia forma parte del contenido del derecho fundamental a la libertad ideológica y religiosa reconocido en el art. 16.1 de la CE y, como este Tribunal ha indicado en numerosas ocasiones, la Constitución es directamente aplicable en materia de derechos fundamentales... Por lo que se refiere al derecho a la objeción de conciencia al aborto... existe y puede ser ejercido con independencia de que se haya dictado o no tal regulación"* (STC 53/1985, de 11 de Abril, FJ 14°).

Este pronunciamiento expresa claramente que no existe ninguna duda de que el derecho a la objeción de conciencia tiene el carácter de fundamental y que podrá ejercitarse sin necesidad de que el legislador ponga en marcha una normativa específica para tal supuesto, si bien no queda claro el modo concreto en que puede hacerse y la cobertura jurídica que debe recibir.

Sin embargo, la posterior sentencia 161/1987 del mismo Tribunal determina su posición definitiva sobre el tema, descartando el carácter fundamental del derecho a la objeción: *"La objeción de conciencia, con carácter general, es decir el derecho a ser eximido del cumplimiento de los deberes constitucionales o legales por resultar ese cumplimiento contrario a las propias convicciones, no está reconocido ni cabe imaginar que lo estuviera en nuestro derecho o en derecho alguno, pues significaría la negación misma del Estado. Lo que puede ocurrir es que se admita excepcionalmente respecto a un deber concreto"* (STC 161/1987, de 27 de Octubre, FJ 3º).

De acuerdo con esto, no se puede considerar a la objeción de conciencia como un derecho fundamental en nuestro ordenamiento jurídico, aunque sí puede considerarse como un "derecho constitucional autónomo" derivado del derecho más amplio de libertad ideológica y relacionado necesariamente con él (ver STC 160/1987, de 27 de Octubre). En resumen, la sentencia 161/1987 matiza y delimita lo expresado en la anterior sentencia 53/1985, pero no lo niega, por lo que en la práctica se sigue considerando de manera generalizada como tal derecho.

El farmacéutico frente a la objeción de conciencia

Novafar, 2007

La píldora del día después (pdd) fue incluida desde su comercialización en las llamadas "existencias mínimas" de obligada tenencia y dispensación en las oficinas de farmacia de Andalucía según Orden de 1 de Junio de 2001 por la que se actualizaba el contenido del Anexo del Decreto 104/2001 de 30 de Abril. De esta forma, se pretende obligar a todas las farmacias a su dispensación acogiéndose al concepto de "medicamento" tal como aparece en nuestra actual legislación.

En efecto, a partir de 1957, año en que la FDA aprobó la píldora como anticonceptivo, cambió el concepto de medicamento. Muchos países, entre ellos España, modificaron dicho concepto clásico, añadiendo la expresión ambigua de "modificar una función" y definiéndolo ahora como *"toda sustancia medicinal y sus asociaciones o combinaciones destinadas a su utilización en las personas o en los animales que se presente dotada de propiedades para prevenir, diagnosticar, tratar, aliviar o curar enfermedades o dolencias o para afectar a funciones corporales o al estado mental"* (Ley 25/1990, de 20 de Diciembre, del Medicamento).

La misma Ley del Medicamento se ocupa del suministro y dispensación de medicamentos, prescribiendo en su art. 3 que: *"Los laboratorios, importadores, mayoristas, oficinas de farmacia de hospitales, centros de salud y demás estructuras de atención a la salud están obligados a suministrar o a dispensar los medicamentos que se les soliciten en las condiciones legal o reglamentariamente establecidas"*.

Esta obligación para el suministro y la dispensación se refleja en el capítulo de infracciones y sanciones. Así, según el art. 108.2.b15, será considerada como infracción grave: *"la negativa a dispensar medicamentos sin causa justificada y la dispensación sin receta de medicamentos sometidos a esta modalidad de prescripción"*, pudiendo llegar a infracción muy grave esta conducta reiterada durante los últimos cinco años (art. 102.2.c5). Para algunos autores, de la redacción de la infracción puede deducirse que el farmacéutico puede negarse a dispensar un medicamento cuando tenga una "causa justificada", como es la objeción de conciencia reconocida como hemos visto en nuestra Constitución.

¿Cabe la objeción de conciencia?
Oficialmente se ha expresado que no cabe objeción de conciencia para dispensar y tener en las farmacias la píldora del día siguiente, reservando, al parecer, la objeción para el médico prescriptor y anulando la de otro profesional del medicamento como es el farmacéutico. ¿Por qué esta diferencia? Lo lógico es aceptar que el derecho a la objeción de conciencia sanitaria abarque a toda persona que, dentro del ámbito sanitario por sus funciones, deba realizar una acción directa o indirecta en un proceso que puede ser abortivo y que choque con los imperativos de su conciencia. Lo importante es el tipo de

actividad que se desarrolla y el tipo de intervención que se requiere en el proceso abortivo, no la relación laboral con las instituciones sanitarias ni la categoría o condición sanitaria de la persona implicada.

Existe una sentencia anterior al año 2000 destacando el hecho de que cualquier acción encaminada directa o indirectamente al aborto puede entrar en el campo de la objeción de conciencia de cualquier profesional sanitario: *"La satisfacción del derecho fundamental, por lo tanto, comporta que no cabe exigir del profesional sanitario que por razones de conciencia objeta al aborto, que en el proceso de interrupción del embarazo tenga la intervención que corresponde a su esfera de competencias propia; intervención que, por hipótesis, se endereza casualmente a conseguir, sea con actos de eficacia directa, sea de colaboración finalista, según el cometido asignado a cada cual, el resultado que la conciencia del objetor rechaza, cual es la expulsión del feto sin vida"* (Sentencia del TSJ de Baleares, de 13 de Febrero de 1998).

Utilizando los mismos términos que la sentencia, la dispensación de la pdd se "endereza casualmente" como "colaboración finalista" a evitar la gestación. Aunque su finalidad no sea siempre la de provocar el aborto, éste se contempla como uno de sus posibles efectos para evitar las consecuencias no deseadas de una relación sexual en la que previamente no hubo una contracepción adecuada. Por ello, el farmacéutico aparece claramente como titular del derecho a la objeción. Del mismo modo, conviene recordar que el farmacéutico puede inhibirse de toda investigación, promoción o dispensación de aquellos preparados que no estén dirigidos a prevenir o curar enfermedades, cuando su participación en dichos actos pueda entrar en conflicto con su conciencia. En el caso concreto que nos ocupa, se trata de preparados antiimplantatorios, por lo que no hay duda de que el fin perseguido es la expulsión del embrión antes de su implantación y, por lo tanto, la eliminación de un nuevo ser humano.

Diversidad de modelos

Distintas asociaciones internacionales han propuesto diferentes modelos para asegurar la objeción de conciencia de los farmacéuticos. En el caso de España, existía desde 1991 un Código Deontológico Farmacéutico preparado por la Real Academia de Farmacia, en cuyo art. 52 podemos leer: *"El farmacéutico podrá negarse, en conciencia, a dispensar cualquier tipo de fármaco o utensilios, si tiene indicios racionales de que serán utilizados para atentar contra la salud de alguna persona o la propia vida humana"*.

El 14 de Diciembre de 2001, la Asamblea General de Colegios Farmacéuticos aprobó el llamado "Código de Ética Farmacéutica y Deontología de la Profesión Farmacéutica", semejante al existente en otras profesiones sanitarias como la Medicina, la Enfermería o la Veterinaria. Dicho código reconoce el derecho a la objeción de conciencia de sus profesionales, con el consiguiente compromiso de las organizaciones colegiales de respaldar las objeciones éticas y morales de sus colegiados: *"La responsabilidad y la libertad personal del farmacéutico le faculta para ejercer su derecho a la objeción de conciencia respetando la libertad y el derecho a la vida y a la salud del paciente"*... *"La Corporación*

Farmacéutica ha de esforzarse en conseguir que las normas éticas de este Colegio sean respetadas y protegidas por la Ley, defendiendo a sus colegiados que se vean perjudicados, por causa del cumplimiento de sus principios éticos"... "El farmacéutico podrá comunicar al Colegio de Farmacéuticos su condición de objetor de conciencia a los efectos que considere procedentes. El Colegio le prestará el asesoramiento y la ayuda necesaria" (Código de Ética Farmacéutica, art. 28, 31 y 33).

Precedentes

De hecho, la Sala de lo Contencioso-Administrativo del Tribunal Supremo ya se había pronunciado en términos semejantes en una Sentencia emitida el 23 de Abril de 2005 como consecuencia del recurso presentado por el mismo farmacéutico andaluz contra la sentencia n° 628 de 30 de Julio de 2002 del TSJA.

En esta sentencia del TS, aunque se desestima el recurso presentado por dicho farmacéutico por no ser titular ni de oficina de farmacia ni de almacén farmacéutico de distribución en el momento de presentarlo y, por lo tanto, por considerar que no es sujeto destinatario de la normativa reglamentaria, se admite por primera vez en nuestro país la posibilidad de que los farmacéuticos puedan objetar en conciencia ante una dispensación que vaya en contra de sus principios.

La importancia de dicha sentencia estriba en reconocer con carácter general la reserva de una acción en garantía de este derecho no sólo a los médicos, como hasta entonces se venía planteando, sino también para aquellos profesionales sanitarios con competencias en materia de dispensación de medicamentos, es decir, para los farmacéuticos.

En efecto, en el Fundamento de Derecho nº 5 de dicha sentencia podemos leer taxativamente lo siguiente: *"También, en el caso de la objeción de conciencia, su contenido constitucional forma parte de la libertad ideológica reconocida en el artículo 16.1 de la CE (STC nº 53/85), en estrecha relación con la dignidad de la persona humana, el libre desarrollo de la personalidad (art. 10 de la CE) y el derecho a la integridad física y moral (art. 15 de la CE), lo que no excluye la reserva de una acción en garantía de este derecho para aquellos profesionales sanitarios con competencia en materia de prescripción y dispensación de medicamentos, circunstancia no concurrente en este caso"* (STS, de 23 de Abril de 2005, FD nº 5).

Un derecho reconocido
Quedaba, por tanto, reconocido el derecho a la objeción de conciencia por parte de los profesionales de la Farmacia que, tras la comercialización de productos con posibles efectos abortivos, ya no se presenta como un derecho ajeno al ejercicio de la actividad profesional. El recurrente perdió el reconocimiento individual de su derecho, pero lo ganó para su profesión, al quedar despejada una incógnita que tanta inseguridad venía produciendo en el colectivo farmacéutico. De esta forma, se entiende que se deja abierta la puerta para posteriores recursos por parte de farmacéuticos dispensadores que se sientan afectados.

La reciente sentencia del TSJA viene a corroborar todo lo anterior pues, aunque desestima de nuevo el recurso presentado en su día, sí reconoce el derecho a la libertad de conciencia en este caso, en términos muy semejantes a los expresados por el TS: *"No se puede invocar, como motivo de ilegalidad, la objeción de conciencia, que forma parte del contenido del Derecho Fundamental a la libertad ideológica y religiosa, reconocido en el artículo 16.1 de la Constitución. Sin embargo, entendida la objeción de conciencia como la negativa de un individuo a cumplir lo mandado por una concreta norma del ordenamiento jurídico, por entender que su cumplimiento es incompatible con el respeto debido a un determinado valor moral percibido por la propia conciencia, podría considerarse como un modelo de excepción oponible por el individuo a someterse por cuestiones éticas a una conducta que, en principio, le es jurídicamente exigible... Dicha objeción de conciencia puede ser enarbolada cuando, en virtud de la no aplicación de dicha norma, pueden derivarse perjuicios o sanciones por su incumplimiento. Pero sólo produciría efectos excepcionales y puntuales, personales e individuales en aquellos que la esgriman frente al incumplimiento de la obligación, como autoriza el artículo 28 del Código de Ética Farmacéutica... y el artículo 33 del mismo Código..."*.

En resumen, la sentencia del TSJA continúa obligando a las farmacias a disponer de este medicamento, como ordena de norma de la Junta sobre existencias mínimas. La sentencia no respalda la impugnación de la norma, pero el farmacéutico tendrá derecho a alegar objeción de conciencia para dispensarla, creando así una situación un poco ambigua: estará obligado a tenerla en el almacén hasta su caducidad y a reponerla después, aunque nunca la dispense.

Consideraciones finales

Los detractores del derecho del farmacéutico a la objeción de conciencia esgrimen otros argumentos adicionales a los ya rebatidos. Así, se ha dicho que por el hecho de que la pdd pueda dispensarse con receta oficial nadie está obligado a usarla. Las personas que consideren que va en contra de su moral son libres de abstenerse de usarla, por lo que no parece lícito imponer su restricción a quienes no tienen el mismo criterio. Sin embargo, lo mismo puede decirse en sentido contrario: para los defensores del valor de la vida antes de la anidación, su utilización es un aborto y así pueden y deben expresarlo. No se puede llamar integrismo a la expresión clara y patente de unas convicciones. Lo importante es dar argumentos para el criterio que se defiende.

Por otra parte, se argumenta que los farmacéuticos están para proporcionar un servicio público y no pueden dejar de hacerlo por motivos de conciencia, ya que nadie les obliga a ejercer como tales profesionales. Frente a este argumento, habría que recordar una vez más que lo más propio de la profesión farmacéutica es la dispensación de sustancias dirigidas a la curación o mejora de un mal, lo que no ocurre cuando se dispensa una sustancia como la pdd que, eventualmente, provoca la eliminación de embriones humanos antes de su implantación en el útero materno.

El farmacéutico tiene una responsabilidad legal sobre los medicamentos; de ahí que no pueda actuar de forma puramente pasiva como un mero distribuidor de algo que tiene en su oficina de farmacia, porque cualquier acto profesional tiene un valor ético por ser un acto humano. No basta hacer el bien dispensando un medicamento (acto de servicio a la sociedad), sino debe evitar que sus acciones buenas puedan ser motivo u ocasión para que otros obren mal, en perjuicio de su salud o la de otros. Es lo que clásicamente se conoce como la obligación moral de cooperar al bien y evitar la cooperación al mal mediante una acción que, en principio, es buena.

Reprogramación de células adultas: Un avance de la Ciencia y de la Ética.

Novafar, 2008

La investigación con células madre dio el pasado 20 de Noviembre un gran salto hacia adelante, que puede marcar un hito en la historia de la ciencia. Por vez primera, dos grupos diferentes de investigadores publicaron en dos prestigiosas revistas "online" la obtención de células madre pluripotentes humanas a partir de células somáticas (no embrionarias), las cuales parecen comportarse como las células madre embrionarias, pero sin presentar los problemas éticos derivados de la destrucción de embriones.

El avance ha sido calificado como histórico ya que permite retrotraer las células adultas a su estado embrionario, de manera que adquieren toda la potencia regenerativa propia de esta primera fase de desarrollo humano. Como decíamos, los resultados de estos dos grupos abren un campo de experimentación nuevo en una materia sometida a fuertes debates de carácter ético. Sin embargo, desde el principio hay que dejar muy claro que este avance no debe alentar falsas expectativas, pues todavía queda mucho para su posible aplicación clínica en determinadas patologías y determinados enfermos.

El equipo del Dr. Yamanaka de la Universidad de Kyoto (Japón) avanzó en *Cell DOI:10.1016/j.cell.2007. 11.019* la publicación de un artículo preparado para los próximos días titulado *"Induction of pluripotent stem cells from adult human fibroblasts by defined factors"* en el que reporta la reprogramación de células de la dermis facial de una mujer de 36 años y del tejido sinovial de un hombre de 69 años. Por su parte, el equipo del Dr. Thomson de la Universidad Wisconsin (Madison, EEUU) hizo lo mismo en *Science DOI: 10.1126/science.1151526* en otro artículo titulado *"Induced pluripotent stem cells lines derived from human somatic cells"* a partir de células de piel fetal y células del prepucio de un niño recién nacido.

El interés de ambos trabajos reside en haber logrado revertir el proceso de diferenciación celular, convirtiendo una célula adulta ya diferenciada (piel, tejido sinovial, etc.) en una célula pluripotente que presenta la capacidad de diferenciarse en cualquiera de los 220 tipos celulares de un organismo humano. De esta forma han obtenido células que se comportan como las células madre embrionarias en cuanto a su capacidad de diferenciarse pero evitando la creación y destrucción de embriones tanto "in vitro" como mediante la técnica de clonación y, con ello, obviando las numerosas polémicas bioéticas que siempre han rodeado a este tema.

Los métodos seguidos han sido semejantes pero no idénticos. En ambos casos han introducido en las células diferenciadas cuatro genes que originan proteínas implicadas en el proceso de diferenciación celular. El Dr. Yamanaka ha introducido los genes OCT3/4, SOX2, KLF4 y c-MYC utilizando como vector un retrovirus (pMXs), mientras que el Dr. Thomson ha introducido los genes OCT4, SOX2, NANOG y LIN28 usando como vector un lentivirus que, en ocasiones, puede producir tumores.

El equipo japonés consiguió crear una línea de células madre a partir de 5.000 células de piel, lo cual puede parecer un rendimiento muy bajo pero significa que a partir de una muestra de unos 10 cm^2 de piel podemos obtener múltiples líneas celulares pluripotentes. Las células obtenidas por el equipo japonés se diferenciaron para formar los tres tipos de capas germinales, por lo que podrían dar lugar a todos los tejidos y órganos del cuerpo humano. De hecho, ya han comprobado la formación de neuronas y de células del tejido cardiaco tras 12 días de diferenciación.

Por su parte, el equipo americano logró reprogramar una célula de cada 10.000, lo cual supone menor eficacia pero con la ventaja de no utilizar ningún oncogén, mientras que el japonés usó el gen c-MYC que puede desarrollar tumores. Este equipo ha logrado obtener ocho líneas distintas de células madre, algunas de ellas desarrolladas hasta 22 semanas.

La noticia era ampliamente esperada desde que el Dr. Yamanaka obtuvo los mismos resultados en Agosto de 2006 a partir de células de la cola del ratón y utilizando los mismos genes que ahora ha introducido en células humanas (*Cell, 126, 663-676, 2006*). Este trabajo pionero parecía indicar que se ralentizara la investigación con células madre embrionarias y la relacionada con la llamada clonación terapéutica. Desde el fraude de la clonación humana no reproductiva cometido por el coreano Dr. Hwang, la comunidad científica acordó dar credibilidad a un nuevo avance cuando se haya desarrollado al menos por dos equipos distintos.

Experimentos anteriores

Pues bien, la confirmación de que el trabajo de reprogramación en ratones era válido llegó hace unos seis meses mediante una nueva publicación del propio Dr. Yamanaka (*Cell Stem Cell 1, 39-49, 2007*) y del Dr. Jaenich del Instituto White Head de EEUU (*Cell Stem Cell 1, 55-70, 2007*), que demostraron que aquellas células de la cola de ratón no sólo eran pluripotentes y podían convertirse en cualquier tipo de célula, sino que incluso podían derivar en células germinales, lo cual significaba que si se introducía el núcleo de la célula madre inducida en un ovocito de otro ratón, daba lugar a un nuevo animal con la carga genética del que procedía la célula reconvertida.

Para demostrarlo, tomaron células de la piel de un ratón negro y le introdujeron los genes mencionados. Una vez revertidas a la fase embrionaria, se introdujo su material genético en óvulos de ratón banco. Se obtuvieron así ratones con la piel blanca y negra que, cruzados de nuevo entre ellos, dieron lugar a nuevos ratoncillos algunos de los cuales tenían la piel completamente negra, lo cual ponía de manifiesto que el material genético de la primera célula se había transmitido por vía germinal. Lógicamente, estas experiencias sólo pueden realizarse en animales y con determinados fines, pero no en la especie humana en la que está prohibida la manipulación de las células germinales.

En el caso actual, también han sido dos laboratorios diferentes los que han llegado a la misma conclusión en Japón y en EEUU. Respecto a este último equipo, el Dr. Thomson fue el primer científico que logró trabajar con células madre embrionarias de origen humano en 1998 (*Science 282, 1145-1147, 1998*).

Sin embargo, probablemente por los problemas económicos derivados de la prohibición del presidente Bush en 2001 de dedicar fondos públicos para la investigación con células madre embrionarias, el Dr. Thomson desvió su línea de trabajo hacia la reprogramación, logrando el éxito ahora señalado, aunque él mismo ha resaltado que lo ha logrado con un retraso de varios años debido a la política del presidente Bush en este campo. En el mismo sentido se han pronunciado diversos senadores republicanos contrarios al presidente Bush. Lo cierto es que a sus 49 años, el Dr. Thomson vuelve a estar en primera línea de investigación.

Aplicaciones a largo plazo
Como era de esperar, las reacciones ante estos nuevos descubrimientos se han multiplicado en todos los medios de comunicación. En general, todas ellas resaltan que esta técnica no es aplicable todavía a la clínica humana. En efecto, la profunda modificación genética que supone introducir y activar cuatro genes reguladores de la transcripción, alguno de ellos con capacidad oncogénica, hace difícil su aplicación inmediata ni siquiera a título experimental. El equipo americano tenía identificados catorce genes presumiblemente implicados en este proceso, de los cuales introdujo solamente cuatro para iniciarlo, dos de ellos comunes a los manejados por los japoneses. Pero

esto parece indicar que el proceso es más complejo de lo que se piensa y que pueden estar implicados muchos más factores que los que se conocen hasta ahora.

Otro gran problema pendiente de resolver es el mecanismo de la inserción de estos u otros genes. En la técnica seguida por ambos equipos se han utilizado virus de diferentes clases; por eso no se puede aplicar directamente en el ser humano ya que pueden presentarse mutaciones imprevistas. De hecho, en las células ahora obtenidas se han encontrado copias de los virus utilizados como vectores, lo cual significa que éste es uno de los principales retos a resolver. No obstante, el primer paso ya se ha dado. Se ha puesto la primera piedra; ahora queda construir todo un edificio lo más seguro posible.

Una de las ventajas más importantes de la nueva técnica es que permitirá obtener células madre con el código genético de un determinado paciente, es decir, cultivos de tejidos ideales para ser usados en autotrasplantes sin el problema del correspondiente rechazo inmunológico. De ahí que muchos especialistas consideran que las nuevas células pluripotentes inducidas acabarán haciendo innecesaria la clonación terapéutica.

En este sentido han sido muy llamativas las declaraciones que el Dr. Wilmut, el "descubridor" de la oveja Dolly, ha realizado a *The Daily Telegraph* anunciando que abandona sus trabajos sobre clonación terapéutica para centrarse en la nueva técnica, por ser unas cien veces más interesante que la anterior, y social y éticamente mucho más aceptable. Wilmut ha señalado que rechaza la licencia que ya tenía concedida por el gobierno británico desde hace dos años para clonar embriones humanos. Este cambio de material debe haber sido muy meditado, pues ningún investigador con resultados seriamente logrados lo hace sin pensar en las consecuencias. ¿Quedará la clonación terapéutica arrinconada?

Diversos investigadores españoles han manifestado que "la clonación terapéutica carece ya de sentido" (Dr. López Barneo, Sevilla), que "la clonación se irá dejando de lado para concentrar los esfuerzos en la reprogramación… Wilmut es inteligente y ya ha hecho su apuesta" (Dr. Simón, Valencia), o que "se van bajando del carro fracasado los que anteriormente apostaban por destruir embriones" (Dra. López Moratalla, presidenta de la Sociedad Española de Bioética y Ética Médica, Pamplona).

Sin embargo, para otros se trata sólo del comienzo y con muchas dudas, por lo que no se deben abandonar los estudios sobre la clonación. Entre los que piensan de este modo destaca el actual ministro de Sanidad y Consumo, para quien este avance consiste en aplicar los conocimientos obtenidos con células madre embrionarias, cuya utilización deberá continuar, lo mismo que la de la clonación, al amparo de la nueva Ley de investigación biomédica, que así lo permite. En opinión del Dr. Soria, el debate ético debe mantenerse porque cualquier investigación científica relacionada con la salud y la enfermedad "debe realizarse dentro de un marco ético".

Con independencia de las numerosas declaraciones en uno u otro sentido, una cosa parece cierta: el debate ético ha resultado provechoso y ha dado sus frutos. Los científicos japoneses y norteamericanos aludidos han aportado mucho más que un mero avance a la Biomedicina. Han cambiado las condiciones del debate ético, lo que deberá tener consecuencias en un futuro próximo. Si no hubieran existido gobiernos e investigadores opuestos a la destrucción de embriones, es probable que no se hubieran pensado las experiencias que a partir de ahora permitirán potenciar la capacidad regenerativa de las células adultas. Los hechos han desmentido la incompatibilidad entre poner ciertos límites éticos a la experimentación científica y el avance de las técnicas mediante sistemas moralmente inocuos.

La promesa de curación inmediata para enfermedades por desgracia muy extendidas propició la utilización de embriones y redujo a la marginación a quienes se oponían legítimamente por considerar al embrión no sólo como un mero amasijo o grupo de células sino como algo digno de respeto y apreciación. Los nuevos avances están demostrando la inconsistencia de los argumentos que muchos partidarios de la utilización de células madre embrionarias ponían a los seguidores del uso de células adultas, ridiculizando a veces sus opiniones como si carecieran de base científica. El tiempo ha venido a poner a cada cual en su sitio.

Una última consideración parece oportuna. Desde distintos foros se ha exigido durante los últimos años la dedicación de una mayor dotación económica para los estudios con células adultas. Se sospechaba que los resultados con estas células tenían que llegar rápidamente si se les dedicaba mayor atención. Y así ha sucedido. Si se ha logrado este avance es porque ha habido científicos que buscaron alternativas a unas técnicas que presentaban problemas éticos a pesar de su mayor coste económico. Ahora empieza la responsabilidad de la opinión pública bien formada y de los políticos. Lógicamente, no estamos proponiendo el cese inmediato de los trabajos con células embrionarias, pero existe ya la suficiente razón para exigir que se doten de más medios de todo tipo a los trabajos con células adultas.

El aborto, tras 25 años de despenalización. I.

Novafar, 2008

El 2 de Febrero de 1983, el Consejo de Ministros que presidía Felipe González aprobó por vez primera en España una iniciativa legislativa que proponía la despenalización del aborto en determinados supuestos, después de varios meses de polémicas y manifestaciones a favor y en contra. Al cumplirse 25 años de tal fecha, y ante las denuncias presentadas a partir de Noviembre de 2007 contra varias clínicas abortistas de Madrid y Barcelona, parece adecuado hacer un repaso de algunos de sus aspectos más controvertidos.

Historia del proceso legislativo

Como hemos indicado, el 2 de Febrero de 1983 se ponía en marcha el proceso legislativo de despenalización del aborto. Como consecuencia de la propuesta del Consejo de Ministros, se creó una Ponencia dentro de la Comisión de Justicia del Congreso de la que formaban parte José López Riaño, Mª Dolores Pelayo y Vicente Alonso Sotillo por el PSOE, José Mª Ruiz-Gallardón y Antonio Pillado por el Grupo Parlamentario Popular y representantes de otros partidos.

Se trataba de modificar el artículo 417 (bis) del Código Penal regulando tres supuestos en los que el aborto no se consideraría delito: cuando fuera necesario para evitar un grave peligro para la vida de la embarazada, cuando fuera consecuencia de una violación o cuando se estimara probable que el feto presentara graves taras físicas o psíquicas. Faltaban por concretar otras circunstancias, pero ya antes del inicio de este trámite parlamentario el debate estaba en la calle.

Como ha reconocido recientemente López Riaño, "la mayoría de la sociedad no era propicia a la despenalización". Así, la Comisión Nacional de Defensa de la Vida congregó un mes después a cerca de un millón de personas en una manifestación contra el aborto celebrada en Madrid, cifra semejante a la calculada en otra marcha celebrada en Octubre del mismo año con el mismo objetivo.

Debates candentes
En la Ponencia se mantuvieron apasionados debates desde el punto de vista jurídico y moral. El Grupo Parlamentario Popular interpuso una enmienda a la totalidad que fue rechazada y, posteriormente, una serie de enmiendas al articulado que tampoco prosperaron. En este sentido, destacaron las intervenciones de José Mª Ruiz-Gallardón, un parlamentario excepcional como reconocieron sus oponentes de partido, y siempre se hicieron "con muchísimo respeto y en un tono intelectual de gran altura".

Quizás lo más polémico fue la propuesta presentada por Santiago Carrillo defendiendo un cuarto supuesto económico, porque lo consideraba como un derecho de las mujeres trabajadoras con menos recursos, propuesta que no prosperó. En la última sesión del Congreso en que se votó la propuesta socialista, algunos partidos dieron libertad de de voto a sus miembros y bastantes diputados no asistieron a la votación. Como estaba previsto, la despenalización salió de las dos Cámaras tal como había ido en la propuesta original.

Un tiempo de espera

Sólo dos días después de que el Senado aprobara la reforma (30 de Noviembre de 1983), José Mª Ruiz-Gallardón y 54 diputados más interpusieron un recurso de inconstitucionalidad ante el Tribunal Constitucional. Como consecuencia, la despenalización se frenó en espera de la respuesta del TC, que tardó dos años en pronunciarse. Finalmente, el 11 de Abril de 1985, el TC emitió su célebre sentencia 53/1985 en la que, entre otras cosas, declaraba: *"La vida del nasciturus, en cuanto éste encarna un valor fundamental —la vida humana— garantizado en el artículo 15 de la Constitución, constituye un bien jurídico cuya protección encuentra en dicho precepto fundamento constitucional"*.

El TC consideró en dicha sentencia que la reforma emprendida era disconforme con la Constitución. Sin embargo, con el fallo en la mano, el gobierno reformuló el proyecto que fue finalmente aprobado como Ley Orgánica 9 de 5 de Julio de 1985 (Ley Orgánica de Interrupción Voluntaria del Embarazo), que modifica el art. 417 bis del Código Penal (BOE de 12 de Julio de 1985).

Por su interés, reproducimos literalmente dicha Ley:

Artículo único:
El artículo 417 bis del Código Penal queda redactado de la siguiente manera:

1.- No será punible el aborto practicado por un médico, o bajo su dirección, en centro o establecimiento sanitario, público o privado, acreditado y con consentimiento expreso de la mujer embarazada, cuando concurra alguna de las circunstancias siguientes:

1ª.- Que sea necesario para evitar un grave peligro para la vida o la salud física o psíquica de la embarazada y así conste en un dictamen emitido con anterioridad a la intervención por un médico de la especialidad correspondiente, distinto de aquel por quien o bajo su dirección se practique el aborto.
En el caso de urgencia por riesgo vital para la gestante, podrá prescindirse del dictamen y del consentimiento expreso.

2ª.- Que el embarazo sea consecuencia de un hecho constitutivo de delito de violación del artículo 429, siempre que el aborto se practique dentro de las doce primeras semanas de gestación y que el mencionado hecho hubiese sido denunciado.

3ª.- Que se presuma que el feto habrá de nacer con graves taras físicas o psíquicas, siempre que el aborto se practique dentro de las veintidós primeras semanas de gestación y que el dictamen, expresado con anterioridad a la práctica del aborto, sea emitido por dos especialistas del centro o establecimiento sanitario, público o privado, acreditado al efecto, y distintos de aquel por quien o bajo cuya dirección se practique el aborto.

2.- En los casos previstos en el número anterior no será punible la conducta de la embarazada, aun cuando la práctica del aborto no se realice en un centro o establecimiento público o privado acreditado, o no se hayan emitido los dictámenes médicos exigidos.

Algunas consideraciones sobre el lenguaje usado en la Ley

El Derecho considera al aborto como la muerte del embrión o del feto mediante su destrucción mientras depende del claustro materno o por su expulsión prematuramente provocada para que muera, tanto si no es viable como si lo es. Sin embargo, la Ley Orgánica 9 de 1985 recibió el nombre de "Ley Orgánica de Interrupción Voluntaria del Embarazo", es decir, se evitó utilizar la palabra aborto sustituyéndola por el término menos "grave" o llamativo de interrupción del embarazo.

La cuestión del lenguaje es más complicada de lo que parece. En efecto, según la actual legislación española y de acuerdo con los conceptos manejados por la Organización Mundial de la Salud, el embarazo comienza con la implantación del embrión en el útero. A favor de este concepto de embarazo se alega que los miles de embriones crioconservados que existen en el mundo tendrían, en otro caso, la grotesca consideración de "embarazos extracorpóreos".

En el mismo sentido, la Ley 14/2007 de 3 de Julio sobre Investigación Biomédica define el embrión como la fase del desarrollo embrionario que abarca desde que el ovocito fecundado se encuentra en el útero de la mujer, es decir, a partir del final de la anidación que ocurre hacia el día 14 después de la fecundación. Para el producto de la división del cigoto fecundado hasta los 14 días propone el término "preembrión" si ha sido constituido "in vitro", pero queda sin definir el producto de la fecundación "in vivo" hasta que se implanta en el útero materno.

Definición de la RAE

El diccionario de la Real Academia Española define la palabra abortar como *"interrumpir la hembra, de forma natural o provocada, el desarrollo del feto durante el embarazo"*. Aparte del mal uso del término feto para esta definición, el mismo diccionario considera el embarazo como *"estado en que se encuentra la hembra gestante"*, lo que nos remite al término gestación definido *como "1.- Acción y efecto de gestar o gestarse". 2.- Embarazo o preñez"* y al término gestar definido como *"llevar y sustentar la madre en sus entrañas el fruto vivo de la concepción hasta el momento del parto"*. Como vemos, del significado de ambos conceptos se deduce que la noción de "gestación" abarca todo el proceso que se inicia en la concepción y finaliza en el parto.

Por todo lo anterior, si se acepta que el embarazo (objeto de la penalización, salvo en los tres supuesto despenalizados) comienza tras la implantación del embrión en el útero, la vida del embrión humano sólo estaría protegida desde ese momento, lo cual entra en colisión con la doctrina constitucional expresada en la citada sentencia 53/1985 en cuyo FJ nº 5 se dice: *"la vida humana es un devenir, un proceso que comienza con la gestación, en el curso de la cual una realidad biológica va tomando corpórea y sensitivamente configuración humana, y que termina con la muerte; es un proceso sometido por efecto del tiempo a cambios cualitativos de naturaleza somática y psíquica que tienen reflejo en el status jurídico público y privado del sujeto vital".*

Por eso, muchos defendemos que si una nueva vida humana comienza con la concepción, lo más razonable sería hablar de embarazo desde ese estadio. De aquí que entendamos que hay aborto cuando se provoca la muerte del nasciturus, considerado como un bien constitucionalmente protegido, con independencia de la fase de desarrollo en que se encuentre.

El aborto, tras 25 años de despenalización. II.

Novafar, 2008

En cuanto a su intencionalidad, el aborto puede ser espontáneo o provocado. En el primer caso, el desarrollo se interrumpe sin que exista el propósito de hacerlo, bien por muerte intrauterina o por expulsión del nuevo ser al exterior donde fallece por falta de viabilidad. Sin tener en cuenta los abortos precoces que ocurren antes de la anidación, se calcula un porcentaje de aborto espontáneo próximo al 10-15%. Si el aborto es provocado, se realiza matando al hijo en el seno materno o forzando artificialmente su expulsión para que muera en el exterior.

Desde el punto de vista médico, jurídico y ético pueden distinguirse las siguientes clases de aborto provocado, que sirven para caracterizar el normalmente llamado "sistema de indicaciones".

Aborto terapéutico

Es el que se lleva a cabo cuando el embarazo pone en peligro la vida o la salud de la gestante. Actualmente, dado el avance de la ciencia, son muy raros los casos en que se plantea el conflicto de decidir entre la vida de la madre y la del feto, por lo que una indicación terapéutica estricta es muy excepcional. Sólo en los casos de embarazos ectópicos (fuera del útero) o de tumores uterinos suele plantearse esa colisión.

Sin embargo el concepto de salud es mucho más ambiguo. Según la Organización Mundial de la Salud, este concepto se relaciona con el bienestar físico, psíquico y social de la persona, por lo que puede presentarse una gran disparidad de situaciones. En algunas ocasiones puede presentarse el riesgo de agravamiento de una enfermedad previa de la madre, pero las técnicas actuales permiten en la mayoría de los casos la continuidad del embarazo. En todo caso, habrá que tener en cuenta el conflicto de valores entre la salud de la madre y la vida del hijo.

El problema más grave y más frecuente se plantea en casos de afectación de la salud psíquica de la madre. La mayor parte de los abortos realizados actualmente en España al amparo de la ley se llevan a cabo por esta causa, ya que en muchos casos se suele considerar que el aborto supone una perturbación emocional para la madre. Lo que en cualquier caso debería evitarse considerar este tipo de aborto como terapéutico porque no cura ninguna enfermedad de la gestante.

Aborto eugenésico

Se trata del aborto realizado cuando existe posibilidad o certeza de que el nuevo ser va a estar afectado por anomalías o malformaciones congénitas. Si consideramos eugenesia a la mejora y selección de los caracteres hereditarios, la denominación "aborto eugenésico" es inadecuada, ya que con este tipo de aborto no se consigue mejorar los factores hereditarios de la especie humana. Por eso, se ha propuesto como mejor denominación la de "aborto por indicación fetal".

Hoy día se dispone de una serie de técnicas avanzadas para poder diagnosticar este tipo de anomalías: biopsia de las vellosidades coriales, amniocentesis, funiculocentesis, ecografía, etc. Entre las anomalías susceptibles de diagnóstico podemos señalar las cromosómicas (principalmente la trisomía 21 o síndrome de Down), los defectos en el cierre del tubo neural que ocasionan la espina bífida y la anancefalia, y otras malformaciones externas o de órganos internos.

Así mismo hay que mencionar que ciertas enfermedades padecidas por la madre durante el embarazo pueden ocasionar malformaciones en el feto: rubéola, toxoplasmosis, sífilis, etc. También el VIH causante del SIDA puede transmitirse por vía placentaria al feto. Otras situaciones pueden aumentar la probabilidad de malformaciones fetales, como las emanaciones tóxicas, el alcohol y otras drogas, la dioxina, etc.

Aborto ético
Se trata del aborto provocado en casos de incesto o de violación. Dado que son situaciones violentas, se ha propuesto el nombre de "aborto por indicación criminológica", para no prejuzgar su valoración moral. Es España es muy raro este tipo de aborto, ya que el riesgo de embarazo en caso de violación suele ser inferior al 2% y, sobre todo, porque en esos casos la embarazada se suele acoger al aborto por grave peligro para la salud psíquica de la madre.

Aborto psicosocial
Se trata del aborto provocado por consideraciones sobre la realidad psicológica, familiar, económica o social de la

gestante. Dada la diversidad de circunstancias que contempla, corresponde al más numeroso de los realizados en todo el mundo, especialmente en aquellos países en que está despenalizado.

Conclusiones

Como se puede apreciar, en España la legislación contempla a la vez el sistema de indicaciones, distinguiendo los tres supuestos despenalizados, junto con un sistema de plazos, ya que en el supuesto nº 2 se establece un plazo máximo de 12 semanas y en el supuesto nº 3 el plazo de alarga hasta las 22 semanas, mientras que en el supuesto nº 1 no se especifica ningún límite de tiempo.

Como es bien sabido, la inmensa mayoría de los abortos (96,6% en 2006) se realizan acogiéndose al primer supuesto, de modo que la salud psíquica de la madre se ha convertido en un "gran paraguas" para cubrirse de la posible penalización legal que conlleva la práctica de un aborto. Dada su importancia y su relación con la situación de "alarma social" que ha provocado el funcionamiento presuntamente ilegal de ciertas clínicas, será objeto de un artículo posterior.

Evolución del aborto en España durante los últimos diez años.
I. Influencia de las características de la gestante y de los motivos aducidos

Novafar, 2008

En artículos anteriores hacíamos algunas consideraciones legales sobre el aborto al cumplirse los 25 años de la propuesta de su despenalización, y terminábamos señalando la frecuencia con que los abortos se llevan a cabo acogiéndose al primer supuesto legal, especialmente al daño para la salud psíquica de la embarazada.

Dada la magnitud de los últimos datos aportados por el Ministerio de Sanidad y Consumo, correspondientes al año 2006, parece oportuno dedicarles algún comentario con objeto de poner de manifiesto la ineficacia de ciertas campañas que han llevado a la banalización del tema del aborto y a que éste sea considerado en muchas ocasiones como un método más de anticoncepción, lo cual está íntimamente relacionado con el fracaso de los sistemas pedagógicos en salud sexual y reproductiva que se llevan a cabo en España.

Análisis de los datos publicados
El Ministerio de Sanidad y Consumo hizo público hace unos meses los datos definitivos sobre la llamada "Interrupción Voluntaria del Embarazo" (IVE)

correspondientes al año 2006 y su evolución durante los últimos diez años. Analizaremos en primer lugar los datos publicados en relación con las características de las abortantes y los motivos aducidos, dejando para un próximo artículo el análisis en relación con el tiempo de gestación, dado su interés ante una futura ley de plazos.

Edad y situación socio-cultural
En 2006, el número total de abortos contabilizados en España ascendió a 101.592, de los cuales 496 se hicieron en mujeres de menos de 15 años, 13.398 en edades comprendidas entre 15-19 años, 25.392 entre 20-24 años, 25.320 entre 25-29 años, 18.736 entre 30-34 años, 13.037 entre 35-39 años, 4.831 entre 40-44 años y 382 a partir de 45 años. De estos datos podemos resaltar el elevado número de embarazadas con edades comprendidas entre 20-29 años que han abortado (más de la mitad del total), si bien no es despreciable la cifra de menores de 15 años.

Si comparamos la evolución de los datos durante los últimos diez años observaremos el drástico aumento en las mujeres más jóvenes: 12,53 ‰ en 2006 frente a 5,08 ‰ de 1997 para menores de 20 años, 18,57 ‰ frente a 8,13 ‰ en las mismas fechas para mujeres de 20-24 años y 14,44 ‰ frente a 6,84 ‰ para mujeres de 25-29 años. Esto supone la práctica duplicación de los casos en estas edades, siendo particularmente fuerte el incremento entre 20-24 años, una edad de alta actividad sexual, mientras que a partir de los 40 años, los cambios son mucho menos acusados.

El estado civil de la mayoría de las mujeres que han abortado es el de soltera (64.318), lo que corresponde a un

66,26 % en 2006 frente al 60,05 % en 1997, disminuyendo a 24.973 las casadas (un 24,58 %) y a un número muy inferior las viudas, divorciadas, separadas, etc. La práctica totalidad de las menores de 15 años eran solteras (488 frente al total de 496), con fuerte predominio de este estado entre los 15-19 años (12.932 solteras y 353 casadas), y entre los 20-24 años (22.170 solteras y 2.600 casadas), con una inversión clara de la situación a partir de 35 años. Los porcentajes en los demás estados son muy inferiores y no presentan cambios manifiestos a lo largo de los últimos años. Estos datos corroboran la importancia que el aborto está alcanzando entre las mujeres solteras, las cuales se ven abocadas a recurrir a él ante las situaciones de embarazos no deseados que van aumentando progresivamente.

La distribución según los niveles de instrucción demuestra que la mayor parte sólo tiene estudios de primero y segundo grado (en sus dos ciclos): 22,65 % de primer grado, 29,92 % de segundo grado (1° ciclo) y 28,10 % de segundo grado (2° ciclo), con un claro incremento en las de primer grado, lo cual puede resultar altamente preocupante por poder estar relacionado con un adelanto en la edad a la hora de utilización del aborto como método de anticoncepción. Cuando la formación es superior (Escuelas y Facultades universitarias), los porcentajes de abortos bajan a un 8,92 % y a un 6,29 % respectivamente.

La comparación conjunta de estos datos con los relativos a edades parece indicar que, a pesar de la frecuencia en mujeres de 20-24 años (25.392 casos), la existencia de un nivel cultural superior en las universitarias hace que disminuya proporcionalmente el número de casos de abortos efectuados (3.057 universitarias frente a 21.423 de primer y segundo grado). Posiblemente esto se puede explicar por un mayor cuidado a la hora de considerar las consecuencias de sus relaciones sexuales por parte de las universitarias, de acuerdo con su mayor nivel de formación cultural. No obstante, hay que señalar que el número de mujeres abortantes con formación universitaria es mayor entre las de 25-29 años, seguido por las de 30-34 años.

Respecto a la posible influencia del número de hijos existentes merece la pena destacar el elevado porcentaje de abortos cuando no se tiene ningún hijo: 48,86 % en 2006, con una ligera disminución frente a 1997 (54,81 %). Sin embargo ha aumentado la frecuencia cuando se tiene un solo hijo: 24,72 % en 2006 frente al 18,64 % en 1997. Es interesente resaltar el hecho de que el porcentaje de abortos disminuye fuertemente a medida que aumenta en número de hijos ya existentes, especialmente a partir de 2.

Si analizamos la influencia de la edad de la gestante podemos observar que de los 49.634 abortos que se practicaron en mujeres sin ningún hijo, 16.852 (más de la tercera parte) tenían edades comprendidas entre 20-24 años, desplazándose el máximo con la edad a medida que aumento el número de hijos vivos: 25-29 años cuando se tiene un hijo; 30-34 años cuando se tienen dos o tres, y 35-39 años cuando se tienen más de tres hijos. Particularmente notable es el caso de una joven de menos de 15 años que ha sufrido un aborto, teniendo ya tres hijos vivos, o el de otras tres de edades comprendidas entre 15-19 años con cinco o más hijos.

Un dato muy alarmante puede ser el aumento observado en los porcentajes de abortos cuando ya se ha tenido otro anterior. Así, cuando ya ha habido un aborto, se observa un aumento al 21,98 % en 2006 frente al 17,89 % en 1997, y a un 6,05 % en 2006 frente al 3,66 % cuando antes han habido dos abortos. No obstante, el porcentaje de primer aborto sigue siendo muy superior al resto de los casos: un 68,88 % en 2006, frente al 76,94 % en 1997.

Las cifras numéricas muestran que de los 69.974 abortos practicados por primera vez, la mayoría de ellos (18.233) corresponden a mujeres de 20-24 años. Sin embargo, cuando el número de abortos anteriores es de 1-2 el máximo se retrasa a los 25-29 años. Nos parece muy preocupante el dato de una chica menor de 15 años que ha abortado por tercera vez (después de otras dos anteriores), así como el número total de gestantes que han interrumpido su embarazo tras cuatro abortos voluntarios anteriores (636) o cinco o más anteriores (604). De nuevo, el análisis de estos datos es compatible con una indicación de la poca importancia que parece concederse a la realización de abortos en España.

Respecto al motivo aducido
De las tres situaciones que permite la despenalización del aborto en España, los datos recogidos por el Ministerio de Sanidad y Consumo demuestran de manera clara y taxativa que la salud materna es la más consignada: un 96,98 % de los casos de aborto se llevó a cabo aduciendo este motivo, mientras que el riesgo fetal fue aducido sólo en el 2,83 %, y la violación en un 0,01 %. El 0,18 % restante fue realizado atendiendo a otros motivos o circunstancias.

Como podemos apreciar, el llamado "aborto terapéutico" (primer supuesto del art. 417 bis de nuestro Código Penal) es al que más mujeres se han acogido durante 2006, manteniéndose su nivel en márgenes semejantes durante los últimos diez años (96-98 %), a pesar de que médicamente está reconocido que las situaciones en que la continuación de un embarazo pone en peligro la vida de la gestante se presentan en circunstancias muy excepcionales y con una frecuencia muy reducida. Como ha escrito F. Abel, *"a menudo en estos casos se abusa del término terapéutico, que se mantiene indebidamente sólo para indicar que la intervención la realiza un médico"*.

No deja de ser preocupante el hecho de que, de las 98.523 mujeres que se han acogido al primer supuesto, 13.814 sean menores de 20 años y, más concretamente, 492 menores de 15 años, si bien más de la mitad tenían edades comprendidas entre 20-30 años, decayendo el número a medida que aumenta la edad. La mayoría de los casos que estamos estudiando se han practicado en poblaciones de más de 50.000 habitantes, incluyendo las capitales de provincia.

La situación de riesgo para el feto (tercer supuesto) se ha mantenido en los mismos niveles durante los últimos diez años: alrededor del 2-3 %. Este dato parece muy bajo a la vista de los numerosos informes que se emiten tras los casos de diagnóstico prenatal de embarazo en los que detectan anomalías fetales. Su número sufre un incremento con la edad de la embarazada, especialmente a partir de 25 años, hasta llegar a un máximo a los 35-39 años; a partir de esta edad, el número de casos registrados disminuye drásticamente.

Como podemos observar, se produce un desplazamiento en el valor máximo de abortos de acuerdo con la edad: a los 20-24 años para el primer supuesto (salud de la madre) y 35-39 años para el tercer supuesto (riesgo para el feto). Si bien este último dato puede tener una explicación científica por el aumento de algunas enfermedades genéticas a medida que aumenta la edad de la madre, el máximo de 20-24 años observado cuando se adujo la salud de la gestante no la tiene, lo cual parece indicar una vez más la facilidad con que este primer supuesto es utilizado en la petición y posterior realización de abortos.

Por último, el segundo supuesto, la violación, se mantiene a niveles muy inferiores a los otros dos, con un descenso acusado a partir del año 2001. De los 13 casos recogidos, 5 de produjeron en mujeres de 25-29 años, si bien en menores de 15 años se dieron ya 2 casos.

Evolución del aborto en España durante los últimos diez años.
II. Influencia del tiempo de gestación

Novafar, 2009

El análisis de estos datos requiere hacer algunas consideraciones previas de tipo médico y quirúrgico. En 1977, la Organización Mundial de la Salud definió el aborto como la expulsión espontánea o la extracción de un embrión o feto de peso inferior a 500 gramos.

Esta definición presentaba algunos inconvenientes por lo que actualmente la definición más aceptada de aborto consiste en la finalización de la gestación antes de la semana 22 cumplida, lo que se corresponde a un feto de unos 500 gramos sin ninguna posibilidad de ser viable. A partir de la semana 22, se considera el feto como inmaduro hasta las semanas 26-28, a partir de las cuales se habla ya de parto pretérmino y de feto prematuro. De acuerdo con las semanas de gestación, los abortos se pueden clasificar en precoces o de primer trimestre (hasta la semana 12) y tardíos o de segundo trimestre (entre la semana 13 y 22 de embarazo).

Los abortos llamados espontáneos pueden producirse bien por causa materna o por causas embrionarias y/o fetales. Los primeros representan alrededor de un 20 % de los casos, presentándose normalmente como tardíos o de segundo trimestre, mientras que el segundo tipo de causas ocasionan cerca del 80 % de los casos y suelen manifestarse precozmente, sobre todo como consecuencia de ciertas anomalías cromosómicas o genéticas. Actualmente se considera como una tercera causa de aborto espontáneo la práctica de ciertos tratamientos invasivos relacionados con el diagnóstico prenatal, como pueden ser la biopsia corial o la amniocentesis precoz, si bien no llega a representar el 1 % de los abortos espontáneos.

Métodos de interrupción

En lo que se refiere a los métodos utilizados para la interrupción del embarazo podemos distinguir tres tipos, de acuerdo con el tiempo de gestación:

Embarazo inicial.- Para los embarazos de menos de cincuenta días de retraso menstrual suele utilizarse el mifepristone (RU 486) que bloquea la acción de la progesterona en la implantación del blastocisto. Su administración consigue la interrupción del embarazo en un 65-85 % de los casos, si bien su eficacia aumenta hasta un 95-98 % cuando se administra conjuntamente con el misoprostol, un protector gástrico con efecto occitócico. No obstante, hay que tener presente que el mifepristone tiene un alto efecto teratógeno, capaz de producir malformaciones en el embrión, por lo que su utilización sólo deberá hacerse si se tiene la seguridad de estar ante un embarazo no deseado.

Embarazo en el primer trimestre.- A partir de las 7 semanas, el efecto del mifepristone disminuye fuertemente, llegando a estar contraindicado a partir de las semanas 8-9. Por eso, se considera que entre las semanas 7 y 12 de la gestación la interrupción debe realizarse por aspiración endouterina o mediante legrado, previa dilatación del cuello uterino. Las complicaciones de estos métodos son pequeñas y normalmente evitables, por lo que no suelen presentarse riesgos grandes para la gestante.

Embarazo en el segundo trimestre.- Generalmente se pueden utilizar cualquiera de los siguientes tres métodos: dilatación del cuello uterino y extracción del contenido del útero, administración de fármacos con efecto abortivo, e instilación endouterina con sustancias abortivas. El primero de estos métodos es el más utilizado. Sin embargo, la extracción puede usarse como máximo hasta la semana 15 de gestación, ya que a partir de entonces el feto tiene estructuras óseas que dificultan la extracción y cuya fragmentación puede perforar el útero. Después de extraído el feto, suele hacerse una aspiración. Las complicaciones avanzan con el desarrollo de la gestación, pudiendo llegar a un 1,4 % en la semana 20.

El segundo método consiste en la administración sistémica de fármacos con efecto abortivo como los derivados de las prostaglandinas, si bien se aconseja la administración previa de feticidas como el suero salino o la inyección fetal de digoxina. Las complicaciones de este segundo método pueden llegar hasta un 9 % de los casos, debido principalmente a la presentación de infecciones y hemorragias post-aborto.

En cuanto al tercer método, la instilación de suero hipertónico o de prostaglandinas, juntos o independientemente, ha sido prácticamente abandonado por las complicaciones que se presentan y por los resultados más efectivos de los otros dos métodos.

Análisis de los datos

A pesar de la clasificación señalada anteriormente, el Ministerio de Sanidad y Consumo agrupa los datos publicados en los siguientes tramos: 8 o menos semanas, 9-12 semanas, 13-16 semanas, 17-20 semanas y 21 o más semanas. En cualquier caso, el mayor número de abortos se han realizado hasta 8 semanas o menos (63.225), lo que representa un 62,23 % de los provocados. Entre 9-12 semanas se practicaron 26.115 abortos (un 25,71 %), disminuyendo considerablemente el número a partir de esa fecha de gestación.

Es de destacar que el porcentaje de los practicados entre 13-16 semanas, aunque es relativamente bajo, casi se ha duplicado en los últimos diez años: un 6,14 % en 2006 frente al 3,86 % en 1997. Una variación semejante aunque no tan acusada se observa para mayores tiempos de gestación. Todo ello parece indicar una cierta tendencia a posponer la realización del aborto, relacionada a su vez con la edad de la mujer. Así, hasta las 16 semanas se presenta siempre un máximo de casos entre 20-24 años, mientras que a partir de las 21 semanas este máximo se observa en mujeres de mayor edad (30-34 años).

Entre los métodos de intervención destaca fundamentalmente la aspiración (86.796 casos de los 101.592 totales), seguido por la dilatación (4.603 casos), utilización de RU486 (4.099 casos) y legrado (3.548 casos), quedando un amplio número de casos sin especificar por qué método fueron realizados. En relación con las semanas de gestación, hemos de señalar que la RU486 sólo se usó lógicamente en gestantes de 8 semanas o menos (4.091 casos), mientras que la aspiración fue mucho más utilizada en el mismo periodo de gestación (57.769 casos, 91,37 % del total). El uso del método de dilatación aumentó con la edad de gestación, llegando a producirse más de 1.000 abortos por este método con 21 semanas o más de gestación. En cualquier caso, resulta cuando menos preocupante que se hayan practicado más de 2.000 abortos sin que conste el método seguido, siendo este número muy alto en las últimas etapas de la gestación, especialmente después de las 21 semanas (821 casos).

A modo de conclusión
La magnitud de las cifras publicadas pone de manifiesto, en general, el fracaso de los sistemas de educación sexual y reproductiva, que ha llevado a que el aborto sea considerado como un método anticonceptivo más, especialmente entre las gestantes más jóvenes, así como la necesidad de un planteamiento serio del problema, bien procediendo a la revisión de nuestra legislación de manera que se eviten las redacciones ambiguas como la existente en el primer supuesto actual (¿salud psíquica de la embarazada?), o bien estableciendo todos los mecanismos de control necesarios para garantizar el cumplimiento estricto de la actual ley para evitar situaciones semejantes a las denunciadas en los últimos meses en varias ciudades españolas.

Sobre la dignidad de la vida humana

Novafar, 2009

El concepto de dignidad humana ocupa un lugar muy importante en un gran número de declaraciones internacionales que han visto la luz en los últimos años así como en la constitución y la legislación de numerosos países. La Carta de las Naciones Unidas de 1945 declara en su preámbulo que *"los pueblos firmantes están resueltos a proclamar de nuevo su fe en los derechos humanos fundamentales y en la dignidad y valor de la persona humana"*. Posteriormente, la Declaración Universal de los Derechos Humanos de 1948 comienza afirmando que *"el reconocimiento de la dignidad inherente a todos los miembros de la familia humana y de sus derechos iguales e inalienables constituye el fundamento de la libertad, la justicia y la paz en el mundo"*.

Ambas declaraciones han servido de base para otros muchos documentos semejantes para los cuales los derechos que se proclaman proceden de la dignidad inherente a la persona humana, dignidad que se acepta para todos los miembros del género humano, sin distinción alguna.

El valor de la vida
De una forma más o menos implícita, todas las democracias surgidas después de la II Guerra Mundial han

reconocido en sus constituciones nacionales el valor eminente e inalienable de toda persona humana, algo que ya había sido reconocido por la tradición religiosa y la filosofía con la expresión "dignidad humana" o "dignidad de la persona humana". Sin embargo, la utilización reiterada de este término en las circunstancias más diversas e, incluso, opuestas ha llevado a una cierta ambigüedad del mismo que puede conducir a que, en nombre de la libertad y de la autonomía personal, cada uno determine su propia dignidad tal como él la entiende, convirtiéndose así en una cuestión de estimación subjetiva.

Hoy día, las dos grandes corrientes éticas del relativismo y del objetivismo han dado lugar a dos aproximaciones diferentes y hasta opuestas basadas en la "calidad de vida" y en la "dignidad de la vida". Para las corrientes relativistas, el respeto a la vida humana no es incondicional, puesto que sólo es estimada en la medida en que sea capaz de sentir placer (utilitarismo), de tomar decisiones (cognitivismo), o de intervenir en la concertación del contrato social (contractualismo). La vida no es respetada incondicionalmente, sino en la medida en que posea una cierta "calidad".

Para la corriente objetivista o personalista, todo ser humano posee una dignidad que le corresponde como algo propio, por lo que merece un respeto como fin en sí mismo, cualquiera que sea su grado de desarrollo, su salud física o mental, etc.

No obstante, la expresión "calidad de vida" también es extremadamente ambigua, ya que puede significar simplemente que deben mejorarse las condiciones de vida de toda la población humana, pero también puede significar la idea según la cual hay vidas humanas que no tienen suficiente "calidad".

Esta noción se acerca peligrosamente a la expresión hitleriana de "vidas sin valor vital" y conduce, en términos más crudos, a sostener que hay seres humanos (enfermos terminales, recién nacidos afectados por enfermedades graves, etc.) para quienes sería mejor la muerte. Esta es la base de la justificación de la eutanasia, cuando el balance entre las perspectivas positivas y negativas de la salud de un paciente lleva a estimar que su vida ya no tiene "calidad".

En las sociedades occidentales se ha extendido en los últimos años la idea de dignidad como la capacidad de decidir y de obrar por sí mismo, lo que podemos llamar autonomía e independencia, por lo que la pérdida de esta capacidad representa una difícil prueba para quien tiene conciencia de ello, y le puede llevar a perder el sentimiento espontáneo de autoestima e, incluso, de dignidad.

De lo llevamos dicho parece deducirse que en la actualidad nos encontramos en un callejón sin salida, puesto que seguimos creyendo en la dignidad humana pero sin saber fundamentarla: hay que respetar al hombre porque la ley o los tratados internacionales así lo disponen, pero no podemos plantearnos el por qué profundo de ese imperativo. En la propia Constitución Española la afirmación de la dignidad de la persona como fundamento del orden político y de la paz social no tiene ninguna fundamentación que la refiera a otra base que la voluntad de los españoles. Tampoco los redactores de la Declaración Universal de los Derechos Humanos definieron la dignidad. Se pudieron poner de acuerdo en los derechos, precisamente porque no intentaron fundamentarlos. Para Peces-Barba, *"la idea de dignidad se ha presentado como un concepto complejo, multiforme, que se ha ido perfilando a lo largo del tiempo, añadiéndose matices y ampliando su espacio intelectual"*.

Más profundidad

De hecho, muchos autores creen en la imposibilidad de definirla por su carácter principal. Así, Low escribe que *"los principios que, como rasgos originarios de nuestra esencia, son constitutivos de nuestra realidad, se distinguen porque a través de ellos se aprehende o conoce otra cosa. Definir significa, en cambio, entender algo por medio de otra cosa más originaria. La dignidad humana es, sin embargo, constitutiva del ser humano y no se puede explicar por otra cosa, pero sí otras cosas a través de ella"*.

Etimológicamente, la palabra "dignidad" procede del latín "dignitas-atis" que es una abstracción del adjetivo "decnus" o "dignos" que, a su vez deriva del sáncrito "dec", del verbo "decet" y de sus derivados "decus" y "decor". Todos estos términos vienen a significar excelencia, realce, decoro, gravedad, etc. Sin embargo, este concepto de dignidad no está tan claro para todos, al ser un término polisémico cuyo contenido difiere según contextos y según autores.

En general, se suele considerar como un atributo o característica que se predica universalmente de la persona humana. Decir de una realidad que es digna o que tiene dignidad significa, a priori, reconocerla como superior a otra realidad e implica, por consiguiente, un trato de respeto. Respeto y dignidad son conceptos mutuamente correlacionados. La dignidad conlleva el respeto y el respeto es el sentimiento adecuado frente a una realidad digna como la persona.

La lógica del ser

La dignidad no es, evidentemente, un atributo de carácter físico o natural, sino un atributo que se predica universalmente de toda persona indistintamente de sus caracteres físicos y de sus manifestaciones individuales. En este sentido, la dignidad no es algo que se tiene como un elemento cuantificable, sino que es algo que se predica del ser. La dignidad no se relaciona con la lógica del tener sino con la lógica del ser. Filosóficamente hablando, la dignidad no se tiene, sino que uno es o no es digno.

El término dignidad indica un atributo universalmente común a todos los hombres, sin cuyo reconocimiento no se puede ejercer la libertad y menos aún la justicia. Se trata de una característica específica que coloca al ser humano en un nivel superior de la existencia, según el cual debe ser respetado por todos los existentes. La dignidad humana es la denominación de la inviolabilidad que delimita las relaciones interpersonales. Allí donde hay una comunidad moral, hay una comunidad en la que el respeto mutuo se expresa en la idea de la inviolabilidad de cada persona.

En cualquier caso y por encima de las definiciones, lo importante es considerar su significado ya que sobre su comprensión giran las cuestiones fundamentales que tienen planteadas hoy la bioética, especialmente en el mundo actual en el que, en nombre de la dignidad de la persona, se están defendiendo acciones y procedimientos muy cuestionables desde el punto de vista ético: eutanasia, aborto, reducción y manipulación embrionaria, etc. Por eso, en próximos artículos le dedicaremos una mayor atención.

La dignidad humana a lo largo de la historia

Novafar, 2009

Desde la más remota antigüedad, el ser humano se interroga sobre el fundamento de su propia dignidad. Preguntas como las siguientes: ¿por qué es digno el ser humano?, ¿donde radica la raíz de esa dignidad?, ¿por qué es más digno el hombre que cualquier otro ser vivo?, ¿por qué tenemos una dignidad absoluta?, etc. se las han planteado los hombres a lo largo de la historia intentando ofrecer las respuestas más adecuadas a sus conocimientos y desarrollo.

Los griegos lo explicaron por la presencia de un elemento divino en el hombre, elemento que se encuentra en lo mejor de su ser que es el alma. Una idea semejante se encuentra en el mundo de los romanos. La noción de dignidad era presentada por Cicerón como el carácter distintivo del hombre respecto a los animales, destacando que este principio constituye el punto de partida necesario para cualquier reflexión ética.

Con el cristianismo se difundió la convicción según la cual el hombre es el único ser sobre la tierra que ha sido hecho a imagen y semejanza de Dios. Cada alma humana es una obra maestra de Dios y su fin último consiste en orientarse hacia su Creador para gozar una vida bienaventurada en la eternidad divina. De esa forma, por su origen y por su destino, cada ser humano es un ser sagrado.

Primeras nociones

Parece ser que la expresión "dignidad humana" fue utilizada por vez primera por S. Agustín. Para Sto. Tomás, la dignidad humana se fundamentaba en la racionalidad con la que el hombre descuella por encima del resto de las criaturas. La naturaleza humana es la más digna de las naturalezas, en tanto que es racional y subsistente. Para Thomas Hobbes (1588-1679), el gran filósofo del Estado de la moderna sociedad burguesa, el honor y la dignidad solamente pertenecen a los que tienen poder. Quien carece de poder, carece también de reconocimiento y, por lo tanto, de dignidad.

Con Kant, la dignidad alcanzará su expresión más radical. Para Kant, la dignidad es algo que no tiene precio y que, por consiguiente, no puede comprarse ni venderse: *"En el reino de los fines, todo tiene un precio o una dignidad. Aquello que tiene precio puede ser sustituido por algo equivalente; en cambio, lo que se halla por encima de todo precio y, por tanto, no admite nada equivalente, eso tiene una dignidad."*

Sin embargo, este concepto de dignidad no está hoy tan claro para todos. Esto hace necesario clarificar más el concepto de dignidad, al ser un término polisémico cuyo contenido difiere según contextos y según autores. F. Torralba ha abordado el concepto de dignidad desde diferentes dimensiones básicas de lo que él entiende como lo más sublime del ser humano, distinguiendo varios niveles de dignidad.

Dignidad ontológica

Se refiere al ser y se fundamenta en el ser. Decir que la persona tiene una dignidad ontológica es afirmar que goza de una dignidad y, por lo tanto, es merecedora de un respeto y de una consideración. La dignidad de la persona humana, desde este punto de vista, radica en su ser y no en su obrar. Puede actuar de forma indigna, pero a pesar de ello, tiene una dignidad ontológica: es digna por ser persona.

Desde esta perspectiva metafísica, una persona puede hallarse en un estado de desarrollo precario o puede hallarse impedida por determinadas características y atributos, pero ello no supone una reducción de su dignidad, pues su dignidad no radica en el grado de desarrollo de la misma ni en las particularidades externas, sino en el ser, que es el fundamento y la raíz de la persona. Esto significa que no se puede atentar contra ningún ser humano, ni tratarlo de una forma inferior a su categoría ontológica.

La dignidad ontológica es irrenunciable y constitutiva. Desde este punto de vista, la persona es digna de un amor y respeto fundamental, con independencia de sus condiciones singulares y de su particular actuación: todos los hombres, incluso el más depravado, tienen estricto derecho a ser tratados como personas.

Dignidad ética

Es la dignidad en el obrar y se refiere a la naturaleza de nuestros actos, pues existe una dignidad arraigada al ser humano, pero hay actos que lo convierten en un ser indigno. Es lícito, desde esta perspectiva, hablar de una dignidad añadida, complementaria o, si se desea utilizar un término más correcto, moral; una nobleza ulterior, derivada del propio carácter libre del hombre. En este sentido utilizamos normalmente el término dignidad en la vida y en el lenguaje coloquial. Decimos que un profesional es muy digno, y cuando decimos esto nos referimos fundamentalmente a la acción que desarrolla dicho sujeto.

Pero la dignidad ética no debe identificarse ni confundirse con la dignidad ontológica. La primera se relaciona con el obrar; la segunda, en cambio, se relaciona con el ser. Hay seres que por su forma de obrar en el seno de la comunidad se hacen dignos de una dignidad moral, mientras que hay otros que por su forma de vivir son indignos desde un punto de vista moral. Sin embargo, ambos, por el mero hecho de ser personas, tienen una dignidad ontológica.

Algunos autores como Zubiri han introducido el término "digneidad" para referirse a la dignidad ontológica de la persona, como un ser digno por el solo hecho de ser persona, al margen de su comportamiento ético o moral. En este sentido, la dignidad se da con la praxis de la persona y la digneidad es previa a aquella. La digneidad es el fundamento de la dignidad, pues si bien la persona puede frustrarse en el desarrollo de su personalidad cuando actúa inmoralmente, su personeidad no por ello mengua un ápice. La digneidad de la persona le acompaña siempre, es decir, es aquello que la persona y solo ella posee en el orden de la naturaleza.

Dignidad teológica

Se elabora por referencia a Dios. Desde el punto de vista bíblico, en el Génesis la persona se define como imagen y semejanza de Dios. No ésta o aquella persona, sino toda persona. Esta particularidad en el conjunto de la creación es la base de su dignidad. Desde un punto de vista teológico, lo que hace a la persona un ser digno no es su naturaleza, su inteligencia, su libertad o su capacidad de amar, sino el hecho de ser imagen de Dios.

La razón última, pues, de su dignidad radica en que es imagen de la Bondad Suprema. Sin embargo, en una sociedad secularizada como la nuestra, este tipo de afirmación sólo vale para el creyente. Con ello se produce una línea de ruptura entre "creencia" e "increencia" que hace imposible un fundamento común para las cuestiones sobre lo humano.

Dignidad jurídica

Es la que queda reflejada en los textos legales y en las declaraciones oficiales de ámbito internacional. De la dignidad ontológica y ética derivan unos derechos y unas leyes que protegen a la persona humana ante determinados abusos o violaciones.

Dignidad volitiva

Por último, esta dignidad se relaciona directamente con el ejercicio de la libertad. Según este concepto, la persona humana es digna precisamente porque es un ser libre y su dignidad se vulnera cuando se vulnera la libertad. Aquí la raíz de la dignidad no es el ser, sino la libertad. La dignidad volitiva de la persona no es, pues, absoluta, sino que depende del ejercicio de la libertad. Por eso, cuando la persona pierde su capacidad intelectual o cuando se le priva del ejercicio de la libertad, aunque sea por motivos legales o jurídicos, esta dignidad desaparece.

Ante semejante disparidad de criterios, las discusiones bioéticas se centran sobre todo en la dignidad ontológica, la dignidad ética y la dignidad teológica, si bien la posición más aceptada hoy suele ser la de considerar la dignidad como un atributo que se predica de todo ser humano, que no es algo cuantificable y que no se relaciona con la lógica del tener sino con la del ser. ¿Qué consecuencias prácticas se derivan de este concepto de dignidad?

Hacia un nuevo concepto de dignidad:
La dignidad vulnerable

Novafar, 2010

La nueva sensibilidad hacia la dignidad humana está acompañada de una serie de cambios acontecidos en la imagen predominante del ser humano y en su correspondiente antropología. Resumiendo mucho el desarrollo histórico de esos cambios podíamos señalar las siguientes percepciones de la dignidad.

La dignidad del "anthropos": De Aristóteles a los estoicos

Los filósofos griegos fundamentan la dignidad en el alma racional que faculta para pensar, razonar y elaborar ciencia y filosofía. El alma humana tiene un rasgo superior a la de los demás seres vivos, lo que la hace más digna de admiración y respeto. Con los estoicos se da un paso muy importante: todo ser humano es un bien cuyo valor no puede cifrarse, porque no tiene precio.

La dignidad del "homo": Santo Tomás de Aquino

Para Santo Tomás, la persona humana es lo más perfecto que existe en la creación, dado que es imagen y semejanza de Dios, según la doctrina antropológica basada en la Revelación. Los seres humanos han recibido la razón para discernir y seguir las leyes naturales y universales, lo que les confiere un estatuto superior a los animales.

La dignidad del "uomo": Pico della Mirandola

El Renacimiento del siglo XV va a poner su atención en la individualidad del hombre, haciendo descansar su dignidad sobre la libertad. Dios creó al hombre libre, capaz de desarrollar sus objetivos y de ser lo que realmente desee ser, mientras que la naturaleza de los otros seres depende de ciertas leyes que les hemos prescrito.

La dignidad como fin en sí mismo: Kant

La filosofía moral de Kant constituye un hito en la reflexión ética sobre la dignidad. Para este autor, la dignidad es un ideal y no algo dado; es algo que descansa sobre la autonomía humana. Esto significa que la dignidad debe atribuirse a todos los agentes morales, inclusive a los que cometan acciones indignas, y no puede ser entendida en términos cuantitativos. El hombre es y debe ser tratado siempre como un fin y nunca únicamente como un medio.

La dignidad como "autodominio": Schiller

Este autor relaciona la noción de dignidad con la idea de fuerza moral, con la capacidad que tiene el ser humano de dominar su naturaleza instintiva y elevarse a la esfera espiritual. La capacidad de autodominio frente a los instintos eleva la persona a un plano superior al resto de los animales y le confiere la dignidad. Eso es lo único que le hace ser hombre.

La dignidad como orden y relación: Fichte

Para este representante del Idealismo alemán, su concepción de dignidad está íntimamente relacionada con su filosofía del yo como auténtico principio de todo. Lo que dignifica al hombre es el actuar en el mundo. El yo introduce orden, regularidad y armonía en la naturaleza, introduce unidad en la infinita pluralidad de los seres. El hombre introduce orden en el caos, y un plan en la destrucción general.

La dignidad humana y la biotecnología: Habermas

Su planteamiento puede calificarse como racional, pragmático y procedimental. Su modo de entender la dignidad se aleja de posturas teológico-religiosas y se aproxima a la idea de autonomía de Kant. No parte de una visión de dignidad como un atributo intrínseco y ontológico, como algo que se diga del ser, sino como un valor que se atribuye a una vida en particular por determinadas razones.

Este eminente filósofo actual teme que la aplicación indiscriminada de las técnicas de manipulación genética tenga como consecuencia una vulneración de la dignidad de la vida humana emergente y de su libertad potencial. Sin embargo, es partidario de extender el concepto de dignidad a la vida embrionaria.

La dignidad en el siglo XXI

El cambio antropológico que se está produciendo en pleno siglo XXI tiene un gran alcance pues va a provocar un cambio de orientación en el debate sobre la dignidad humana basado en la relación entre el ser humano y la máquina. Este debate ofrece una nueva posibilidad para excluir a los débiles, a quienes no son eficientes o a quienes se perciben como una carga social, precisamente en el nombre de una nueva concepción de lo humano.

Surge así la tendencia a convertir la humanidad en un club que se reserva el derecho de admisión, a determinar qué es o no es un ser humano, o incluso a determinar el momento en el que todavía no lo es o el momento en el que deja de serlo. La tendencia a excluir del concepto de ser humano a quienes suponen una amenaza, a los minusválidos o a quienes presenten cualquier tipo de limitación, se está incrementando alarmantemente.

El tema de la vulnerabilidad

A estos planteamientos habrá que hacerles frente en base a una ética que no interprete la contingencia y los riesgos propios de la vida como una enfermedad o una carga insoportable. La dignidad humana está hoy íntimamente ligada a la vulnerabilidad humana. Se puede decir que la dignidad es la fuerza intrínseca de la vulnerabilidad, es su carácter inviolable.

La dignidad humana puede estar presente a pesar de la falta de un reconocimiento explícito externo de aquella; esto es lo que le da su enorme importancia como fuerza de supervivencia y resistencia en situaciones de marginación y opresión. La vulnerabilidad debe considerarse como un bien altamente humano. A ella le corresponde un nuevo imperativo categórico que se distancie del valor otorgado a las máquinas humanas o a los hombres artificiales. Este imperativo se expresaría mediante el siguiente eslogan: "Respetad la vulnerabilidad". Tenemos que tomar conciencia de que todos somos seres humanos vulnerables.

La macro-vulnerabilidad

La cuestión de la vulnerabilidad compartida se puede estudiar desde el ámbito de la macro-vulnerabilidad (el planeta en su conjunto) o de la micro-vulnerabilidad (el individuo). En el primero de esos ámbitos, destaca como una nueva nota la conciencia de que la Tierra, como un todo, es vulnerable y de que esta vulnerabilidad es compartida entre todos sus habitantes.

Sin embargo, es interesante señalar que, aunque esta macro-vulnerabilidad es compartida, en el sentido de que nadie en principio puede escapar de ella, a la vez es claramente asimétrica. No afecta a todos por igual, de la misma manera o en el mismo grado. Cada vez hay más mundo "afuera", un mundo creciente que sobra, un mundo que para el sistema parece desechable. Esta marginación y exclusión es una de las características de la llamada asimetría de la macro-vulnerabilidad compartida.

La micro-vulnerabilidad
Pero junto a esta macro-vulnerabilidad compartida, hay también una micro-vulnerabilidad considerada a nivel individual. Esa vulnerabilidad significa capacidad de ser herido, física o moralmente, y nadie quiere ser herido. Esto implica un derecho a la protección y a la necesidad de seguridad en sentido amplio.

Un ser invulnerable sería un ser inhumano, o lo que es lo mismo, sin vulnerabilidad humana no existiría ningún ser humano. La micro-vulnerabilidad es una condición antropológica fundamental y, por lo tanto, imborrable. Este presupuesto antropológico tiene sus consecuencias: es el fundamento de la sensibilidad, de la compasión, etc. Sin vulnerabilidad humana o sin el reconocimiento de la vulnerabilidad propia, no habría condiciones para reconocer la vulnerabilidad del otro y la demanda ética que presenta.

La globalización de la dignidad humana: Hacia un nuevo concepto ético fundamental

Farmanova, 2010

Como veíamos en un artículo anterior, el ser humano es el único ser vivo consciente de su condición vulnerable, pues la consciencia (conocer sabiendo que se conoce) es propiamente un distintivo de la identidad humana.

Sin embargo, tratar de olvidar la vulnerabilidad es una de las notas más características de nuestro tiempo y explica la dificultad del hombre moderno para integrar la experiencia del sufrimiento y de la muerte. El olvido y el miedo a la vulnerabilidad falsean la identidad del hombre. La eliminación de la vulnerabilidad es la disminución de la vida, su reducción a formas inferiores, la supresión del entusiasmo por lo que se puede perder.

La invulnerabilidad significa falta de generosidad, incapacidad de dar y de darse y, por ello, de recibir algo que valga la pena efectivamente. El sueño de la micro-invulnerabilidad, tan central en el proyecto moderno, es un sueño inmoral porque es deshumanizante. Esta vida en fragilidad es la que nos abre a otro concepto ético fundamental en estos tiempos de globalización: la dignidad global.

La universalización de la dignidad para Habermas

La dignidad para todos y cada uno de los seres humanos, desde las éticas postkantianas de corte dialógico, radica en la participación y deliberación de los afectados actuales. Como dice Habermas, *"una norma será válida cuando todos los afectados por ella puedan aceptar libremente las consecuencias y efectos secundarios que se seguirán, previsiblemente, de su cumplimiento general para la satisfacción de los intereses de cada uno"*.

Pero la globalización bioética implica incorporar no sólo a los presentes, a todos y cada uno, sino que se amplía también a los que pisarán tras nuestras huellas en la historia. Si bien implantar definitivamente un modelo bioético desde la universalización (todos y cada uno de los actuales) es una tarea pendiente, hemos intentar avanzar hasta lograr alcanzar a "todos y cada uno de los actuales y de los virtuales".

La globalización de la dignidad para Jonas

Si hasta ahora los seres humanos hemos de responder de lo que hacemos en el presente y de lo que hicimos en el pasado, en este momento y por vez primera en la historia el hombre debe tener un concepto de dignidad inclusivo del futuro en sus actuaciones. Hemos de responder dignamente y globalmente de nuestras elecciones morales.

Hans Jonas mantiene que hasta ahora la reflexión ética se ha concentrado en la cualidad moral del acto momentáneo pero *"ninguna ética anterior tuvo que tener en cuenta las condiciones globales de la vida humana ni la existencia misma de la especie. Bajo el signo de la tecnología, la ecología, el mercado mundial y en definitiva los procesos de mundialización, la ética tiene que ver con acciones de un alcance causal que carecen de precedentes y que afectan al futuro".* Las generaciones futuras son parte de nuestra comunidad moral, aunque sólo como un futuro anterior, o como participantes virtuales.

Hacia el nuevo imperativo categórico de Jonas.

Si el pasado y el presente eran elementos esenciales de la responsabilidad ante la dignidad, hoy hay que ampliar la cuestión incluyendo en el concepto de dignidad el fenómeno de la macro-vulnerabilidad global. Por ejemplo, de nuestro deterioro del medio ambiente es posible que nosotros no suframos las consecuencias, ni lo veamos. Pero las consecuencias de nuestras decisiones van a padecerlas generaciones con las que nosotros no vamos a convivir.

La vulnerabilidad compartida no es sólo una cuestión de presente; es también una cuestión de futuro, pues la van a sentir generaciones virtuales que todavía no están. Si sólo somos dignos responsables del pasado y del presente, estamos cometiendo una grave injusticia, una indignidad, con los ausentes del mañana. Por primera vez hemos de responder de consecuencias que aparecerán cuando nosotros hayamos desaparecido. Lo cual pone de manifiesto uno de los rasgos con los que ha de contar cualquier propuesta bioética global digna.

El clásico imperativo categórico de Kant tiende a ser formulado de forma más actual por Jonas de la siguiente manera: *"Obra de tal manera que los efectos de tu acción sean compatibles con la permanencia de una vida auténticamente humana sobre la tierra".*

Hacia un nuevo canon de moralidad

Si Kant situaba la dignidad en el orden de los fines, hoy día parece necesaria la elaboración de un nuevo canon de moralidad basado en la dignidad global. La globalización amplía y especifica el contenido de la universalización kantiana hasta incluir a todos los seres humanos actualmente existentes, a los virtualmente existentes o futuros, y a toda la naturaleza, ya que no hay hombre sin naturaleza. Si el ser humano es un fin en sí mismo, la naturaleza tiene que serlo también en algún sentido, ya que está unida intrínsecamente al hombre.

Esto significa tanto como afirmar que la naturaleza no es sólo un medio, como decía Kant, sino también de algún modo un fin. Kant dijo que los seres humanos somos medios y no sólo fines; ahora cabría decir que la naturaleza es fin y no sólo medio. Con lo cual resulta que la vieja imagen de representar los fines y los medios como dos clases dicotómicas que engloban, respectivamente, a personas y cosas, no es del todo cierta. La clase de los fines incluye a los seres humanos y a las cosas (aunque ambos sean fines de modo distinto). Y la clase de los medios incluye también a las cosas y a los seres humanos (aunque ambos sean medios de modo distinto). Las consecuencias éticas de estos nuevos planteamientos aún no han hecho más que entreverse.

Conclusión

En resumen, de acuerdo con lo señalado en el presente y anteriores artículos sobre el tema y siguiendo lo expresado muy recientemente por el Prof. T. Domingo Moratalla, podemos considerar que la dignidad es cuestión difícil y es cuestión abierta y, sobre todo, es cuestión. "Cuestión" porque con la palabra estamos designando un ámbito de problemas éticos, antropológicos e incluso metafísicos que no pueden ser diluidos u obviados. "Abierta" porque nos impone la tarea de seguir pensando a la luz de nuevos descubrimientos y de nuevos planteamientos, sobre todo biológicos. Y "difícil" porque nos incomoda y nos obliga a pensar, quizás de otra forma a la que no estamos acostumbrados, quizás porque ese pensamiento nos lanza dudas sobre nuestras creencias más asentadas. Por tanto, cuestión abierta y difícil.

¿Creación de vida artificial o manipulación del genoma?

Farmanova, 2010

La creación de vida artificial ha sido desde siempre una de las quimeras del hombre, especialmente por la posibilidad posterior de crear seres humanos perfectos. Pocos días antes de cumplirse el décimo aniversario de la presentación del borrador del genoma humano, Craig Venter ha vuelto a sorprender al mundo con la publicación en la revista *Science* de un artículo en el que detalla la fabricación de la primera célula sintética. La inmensa mayoría de los medios de comunicación han acogido la noticia con titulares especialmente llamativos: creación de vida artificial, creación de una célula artificial, vida de bote, etc.

Los hechos y su historia

Hace más de una década, Venter y su grupo comenzaron su proyecto de investigación para la creación de vida en el laboratorio determinando cual era la información genética mínima para que una bacteria pudiera existir. En el año 2007, Venter y su grupo lograron transferir el genoma completo de una bacteria (*Mycoplasma mycoides*) a otra bacteria muy parecida (*Mycoplasma capricolum*), con lo que el genoma transferido tomó el control del funcionamiento celular.

Un año después, dieron un paso más: lograron sintetizar en el laboratorio el cromosoma completo del *M. mycoides*, utilizando pequeños bloques de material genético, hasta llegar a tener un DNA de más de un millón de bases. El paso siguiente era fácil de adivinar: reemplazar el genoma natural de *M. capricolum* por el genoma sintético. Aunque la célula que sufrió el trasplante mantenía en principio sus propios componentes químicos, el genoma introducido tomó el control de la célula de tal modo que al cabo de poco tiempo (unos mil millones de replicaciones), todo su material era semejante al de *M. mycoides*, por lo que habían logrado transformar una célula en otra.

Algunas posibles consecuencias

No hay duda de que el trabajo realizado es un hito en Biología. Sin embargo, quedan todavía muchos obstáculos para que pueda tener aplicaciones inmediatas. Pero la ciencia no se detiene: se ha abierto una puerta que no sabemos donde nos puede conducir.

Algunas de las aplicaciones inmediatas que ya se están intuyendo son la fabricación de microorganismos diseñados para producir compuestos útiles para la humanidad, sustancias absorbentes de gases con efecto invernadero, compuestos para purificar el agua o para limitar los vertidos de petróleo. También se habla de la producción de algas unicelulares que conviertan en combustible la luz solar y el CO_2 atmosférico. Otros proyectos buscan producir vacunas o ingredientes alimentarios... pero también existe el riesgo bioterrorista de fabricar agentes patógenos usando su DNA para insertarlo en bacterias normales. En cuanto a la especie humana, las aplicaciones son todavía muy lejanas.

Reacciones de los expertos

La mayoría de los expertos consultados reconocen el valor técnico de la investigación realizada por Venter y su equipo, pero creen que no se puede afirmar la creación de nueva vida artificial. Una ley inviolable de la Biología es que toda célula proviene de otra célula. Venter cree haber sobrepasado esa ley puesto que la célula que ha obtenido no proviene de otra porque su genoma es pura química: ha sido sintetizado en un tubo de ensayo.

Sin embargo, este DNA sintetizado no se ha colocado en otro tubo de ensayo para provocar su funcionamiento sino que ha requerido ser introducido en otra célula para poder dirigir y controlar el proceso de síntesis de los demás componente químicos de lo que se ha llamado célula artificial. No ha habido, por lo tanto, creación en sentido estricto ("creatio ex nihilo") o creación a partir de cero, como Venter ha pretendido hacernos creer. No ha habido creación de vida. A partir de una especie de ser vivo se ha logrado otra especie distinta, pero utilizando como base la vida ya existente en la célula que ha sido modificada. Los científicos no saben todavía lo suficiente acerca de la vida como para poder crearla.

Las altas instancias de la Iglesia católica han mostrado su perplejidad y su inquietud, por tratarse según dicen de un salto a lo desconocido potencialmente devastador, pero no han avanzado más conclusiones sobre el tema. De todas formas, tampoco consideran que haya habido creación de nueva vida. Lo que sí ha sido reconocido mundialmente es la necesidad de establecer estrictas regulaciones éticas y legales. Así lo han expresado el propio Venter y el presidente Obama, la mayoría de los investigadores y la sociedad en general.

Hacia una bioética de la responsabilidad

Hasta hace poco tiempo, la reflexión bioética ha atendido más a los medios que a los fines. Sin embargo, es necesario cambiar la orientación de la bioética, corregir su punto de mira. Para el Prof. Diego Gracia, la bioética de este nuevo milenio, si quiere enfocar de veras los problemas que tiene delante, habrá de ser una ética de la responsabilidad, por lo que habrá que conceder un lugar preeminente a la reflexión sobre los fines.

Pero, para ello, hay que modificar muchas cosas o muchas categorías que se aceptan de modo casi infalible. Es necesario, por ejemplo, incrementar las vías de participación y deliberación colectiva, en orden a definir los valores y los fines sociales. El éxito social de la bioética está muy relacionado con la necesidad que la sociedad siente de reflexionar en profundidad sobre los problemas de la vida.

Una ética para el futuro

Pero esta ética de la responsabilidad no puede quedar reducida al presente sino que tiene que mirar fuertemente hacia el futuro. Las consecuencias de las actividades actuales pueden ser de enorme trascendencia para el futuro. Esto significa que proteger el mundo de hoy para que las condiciones de su existencia permanezcan intactas lleva consigo protegerlo, en su vulnerabilidad, contra cualquier amenaza que pueda modificar tales condiciones. Y ahí es donde reside una de las interrogantes más fuertes del nuevo descubrimiento.

Jugando a ser Dios

Esa es una frase de las que más se repiten entre los partidarios de frenar la investigación de este tipo. Pero, con independencia de las creencias religiosas, la ciencia nos demuestra hoy que el universo está evolucionando y que la Creación original no dio lugar a un universo estático, sino que nuestro universo evolutivo está marcado por la continua emergencia de nuevas realidades. La Creación sigue en estado de creación y los seres humanos podemos encontrar el sentido de nuestras vidas contribuyendo a su desarrollo.

El hombre, creado co-creador

El hombre ha sido llamado por naturaleza a proseguir una Creación que es a la vez un anhelo de diferencias, un espacio de libertad y un campo de realización de la propia responsabilidad humana. Cada ser humano se convierte así en lo que Hefner llamó co-creador junto a Dios, en su condición de creatura. Esto es fundamental para el diálogo ciencia-fe.

Hoy día se puede hablar de una base antropológica de la creación: si toda la Creación está llena de capacidad de invención, el hombre mucho más. Creado co-creador, tiene la misión de culminar el anhelo de la creación entera. Este derecho y este deber los tiene que ejercer en una triple dirección: con respecto al cosmos, a sí mismo y a Dios. Ese es su estatuto. Esa es la grandeza de la investigación.

98

La creación y Dios

Farmanova, 2010

En un artículo anterior veíamos cómo la ciencia ha demostrado que el universo sigue evolucionando después de su creación o, dicho con otras palabras, que la creación original no dio lugar a un universo estático sino que nuestro universo evolutivo está marcado por la continua emergencia de nuevas realidades.

La creación se contempla como un universo evolutivo, como un mundo en un continuo llegar a ser. La creación evolutiva no está terminada desde el principio; aún está emergiendo. Lo más surge de lo menos. La unión de los átomos crea moléculas claramente nuevas. La nueva entidad no surge de una causa que contenía lo nuevo de una manera oculta, sino que los elementos se unen para formar una entidad nueva que no se encontraba contenida en ellos.

A este nivel podemos entender el proceso básico del llegar a ser como un proceso de unión. Y así hasta llegar a los seres vivos más primitivos, que muestran un elevado grado de totalidad unida que aun nos resulta difícil de explicar. La vida solo existe como una totalidad, no como la suma de las partes. En resumen, el proceso evolutivo se desarrolla a través de la unión de elementos en totalidades unidas más elevadas en las que algo nuevo llega a la existencia.

La creación y Dios

Si todo lo anterior es correcto, un creyente puede considerar este proceso de unión como uno de los aspectos de la creación por Dios. Como Teilhard de Chardin intuyó, Dios crea mediante la unión. Por supuesto que esta afirmación no se puede demostrar mediante la ciencia, pero tampoco se puede rebatir. Sin embargo, conviene tener presente que existe una gran confusión debido a una falsa asociación entre creación y comienzo del universo.

La doctrina de la creación, interesada sobre todo en el origen ontológico, se formula como respuesta a la pregunta de por qué existen las cosas, no como respuesta a la pregunta de cómo empezó todo. Dios sigue siendo hoy tan creador como en el instante del Big Bang, hace unos 15.000 millones de años. Pero la cosmología del Big Bang no puede ser una confirmación científica de la existencia de una Creador… ni de su no existencia.

La "creatio ex nihilo".- En la teología cristiana, la idea de que Dios crea y sostiene el mundo se ha expresado continuamente con la frase "creatio ex nihilo", creación de la nada. El término hebreo "bará" que traducimos por crear tiene un amplio sentido que no es fácil de delimitar. Tiene dos significados: hacer y separar. Crear es, ante todo, constituir algo distinto de Dios. Pero también, "bará" es hacer algo completamente separado y distinto de todo lo anterior. Ese es el sentido de la "creatio ex nihilo": la realidad creada no procede de un modelo o de algo preexistente, del que sería una copia o una continuación.

La "creatio continua".- Por otra parte, el descubrimiento de que el universo ha experimentado una larga historia de evolución, ha enriquecido el discurso cristiano de la creación con el concepto de "creatio continua", una creación que se va desplegando a lo largo de la historia cósmica. Dios está presente en el proceso evolutivo como fuente y guía de su fecundidad. Se ha considerado que la "creatio continua" puede entenderse como la acción del Creador según el modo de la divina inmanencia, mientras que la "creatio ex nihilo" es la acción del Creador según la divina trascendencia.

La "creatio appellata".- Por último, el acto creativo de Dios debemos considerarlo como un único acto, que es uno en la eternidad de Dios y que se despliega en el tiempo en toda su diferencialidad. La mejor forma de imaginar la relación entre la creación y su Creador, compatible con un universo en evolución, es la llamada "creatio appellata", la creación llamada a acercarse: el universo es llamado por Dios a salir de la nada hacia Él. El proceso del llegar a ser que veíamos antes es la respuesta de la creación a la llamada creativa y creadora de Dios.

En resumen, el modo en que Dios crea no es una demostración de poder, que forzaría a todo lo llamado a la existencia hacia Dios. Más que hacer, Dios parece permitir que las cosas ocurran. Los elementos necesitan unirse para alcanzar un nivel superior de ser. Este proceso de unión se sostiene mediante la persistente llamada creativa de Dios, pero sin presionar a los elementos ni forzándolos a que se unan. Una buena interpretación, compatible con la realidad evolutiva de la creación, sería ver a Dios actuando desde el interior de los elementos. La realidad más íntima de cualquier cosa se concebiría como la presencia de Dios o el llamamiento de Dios a venir a Él. Esto no contradice en absoluto las observaciones de la ciencia.

Dios no es necesario para la creación

Todo lo anterior no tiene ningún sentido según las recientes declaraciones del físico inglés Stephen Hawking, previas a la aparición de su último libro "El gran diseño" el pasado mes de septiembre. Aparte de una bien montada propaganda, lo que viene a decir este astrofísico no es nada nuevo: la ciencia no puede demostrar la existencia de Dios... pero tampoco lo contrario. Hawking matiza que la ciencia moderna no deja lugar a la existencia de un Dios creador del universo.

El Big Bang, la gran explosión en el origen del mundo, fue consecuencia inevitable de las leyes de la física, afirma en su libro escrito junto al norteamericano Leonard Mlodinov. De esta manera, Hawking renuncia a sus propias opiniones expresadas antes en otro libro famoso ("Una breve historia del tiempo"), donde sugería que no había incompatibilidad entre la existencia de un Dios creador y la comprensión científica del universo.

¿Qué ha cambiado desde entonces? ¿Acaso ha descubierto una teoría del todo con la que ya soñaba Einstein o él mismo en el libro antes citado? ¿Acaso ya no se sostiene el teorema de Gödel según el cual es imposible un sistema formal, cerrado y completo, es decir, un sistema del todo, porque siempre debe haber un cabo suelto que no se explica en el marco del sistema? Nada de eso ha ocurrido. La teoría del todo es una gran idea pero, como dice Bertrand Russell, aunque el análisis nos da la verdad y nada más que la verdad, sin embargo nunca puede darnos toda la verdad.

Ciencia neutra

El nuevo libro de Hawking se venderá como rosquillas, pero la ciencia nunca aportará pruebas sobre la existencia o no existencia de Dios. Dios no entra propiamente en el horizonte de la ciencia y, por eso, la ciencia no puede pronunciarse al respecto. Dios no sirve para "explicar" nada en el orden de lo material, ni el origen del universo, ni la evolución... ni el calentamiento global. Pero tampoco la ciencia puede "explicar" por qué existe lo que hay y si tiene algún sentido para nosotros. Los científicos metidos a teólogos son tan risibles como los teólogos que hacen ciencia... ficción.

Después de Hawking, Dios queda donde siempre. Como ya dijo Laplace, la ciencia no tiene necesidad de una hipótesis de Dios, porque su campo de trabajo son los hechos comprobables, pero eso no quiere decir que Dios no exista, sino que se encuentra en otro orden, a otro nivel más allá del científico, al que se puede llegar sólo por la fe. La ciencia acaba donde la religión comienza, sin que ningún intento de explicar una a través de la otra haya conducido a algo convincente. Dios seguirá siempre siendo el mismo.

La vida humana en el mundo natural

Farmanova, 2011

Si hoy día la investigación biológica se presenta tan cargada de significación ética es porque trata con la vida, y la vida reclama siempre una actitud de respeto y reconocimiento. Ahora bien, las formas de vida nos interpelan con más intensidad cuando reflejan más intensamente nuestra propia vida. Incluso, las valoramos más en la medida en que, de algún modo, reflejan mejor nuestra vida. De aquí nuestro interés por descubrir la conexión entre las diversas formas de vida con la vida biológica del propio hombre, y, a su vez, descubrir la relación entre la vida del hombre con su propia dignidad.

El lugar del hombre en el mundo
Una de las mayores dificultades para valorar nuestra relación con los bienes naturales es acertar a entender nuestra propia "situación en el mundo". El mundo natural en el que vivimos es ante todo un mundo con significados no otorgados por el hombre. Esta actitud contemplativa tiene un precio: aceptar que la inteligencia humana no es la medida de la realidad, de la misma forma que no es el ojo del hombre quien crea el paisaje. Lo que se pide al hombre es que acepte su lugar en el mundo.

Esto implica aceptar que el mundo tiene un autor, y que ese autor no es el hombre. Esa existencia de un ser en quien tienen su origen las criaturas naturales la proclamaron ya los pensadores clásicos como Aristóteles. Para la tradición judeocristiana, el hombre ha sido creado a imagen y semejanza de Dios, que le ha dado el gobierno sobre todas las criaturas terrestres pero no como dueño absoluto: fue puesto en el paraíso para que lo trabajara y lo custodiara y en él le ha sido asignado un lugar.

El hombre como regalo del Creador

Desde esta perspectiva, es difícil comprender que el mundo y la multiplicidad de criaturas y procesos que se dan en él, puedan haber sido queridos sólo al servicio del hombre. La peculiar posición del hombre en la creación no es tanto su proximidad a unas especies animales, sino ser su término. Desde este punto de vista, el hombre es un regalo del autor, aunque no es el dueño absoluto ni el artífice de esa creación.

En la Biblia, los diversos seres no aparecen como la suma de actos creadores dispersos y unidos accidentalmente; se ve muy claramente la idea de que lo que se está haciendo es toda una creación. No se presenta todo hecho de golpe y sin concierto, sino que se recurre a una versión gradual o evolutiva desde lo más simple a lo más complejo, desde lo más determinado a lo más libre: el término final es el hombre libre, capaz de autodeterminar su propia vida.

El hombre y la evolución

Esta visión, que nos da una visión del mundo como una unidad, es coherente con la visión científica del proceso evolutivo. El mundo no es un compuesto de criaturas autónomas y plenamente significativas por sí mismas. El orden profundo que existe en el mundo no procede de una composición cuidadosa de elementos preexistentes, sino de la ordenación al hombre.

En la tradición clásica, esta ordenación intrínseca de las criaturas al hombre no recibió una formulación explícita; no obstante, apuntaba a esta ordenación cuando hablaba de la gradatoria real de perfección entre seres, según la cual lo menos perfecto es para lo más perfecto. Aquellas teorías evolutivas que admiten una cierta teleología intrínseca –expresada en la existencia de un programa en el proceso evolutivo– pueden armonizarse con la doctrina de la creación, aún con todas las reservas y rectificaciones que sean necesarias, e ilustrar la vinculación real entre las diversas formas de vida, y, más aún, entre las diversas formas de ser con el hombre.

La importancia del mensaje genético
La unidad de los seres vivos es peculiarmente intensa a diferencia de lo que ocurre con los seres inertes o no vivos. Esta unidad es debida a que, entre ellos, materia y forma se corresponden. Esta unidad plena materia-forma procede de que cada individuo de cada especie tiene el genoma propio de la misma.

La vida de los organismos, desde los más simples hasta los más complejos, consiste en la "emisión" del mensaje contenido en su genoma. El significado biológico del mensaje genético escrito en el genoma es, por lo tanto, la "forma" de los vivientes, el principio ordenador de elementos que de suyo no están ordenados (la "materia") y que, por separado, no tienen capacidad operativa.

Las diferencias entre los seres vivos se deben a diferencias en el contenido de su mensaje genético. A medida que un viviente sube en la escala biológica, sube la capacidad operativa desligada de las condiciones iniciales y dependiente de las operaciones precedentes.

Así, el mensaje genético de un ser unicelular es autosuficiente para que realice sus funciones vitales específicas. El mensaje genético de un vegetal no tiene instrucciones para que el organismo que se construya tenga sensibilidad ni traslación. El mensaje genético de un animal informa un organismo con un sistema nervioso más o menos complejo que le capacita para realizar otras operaciones nuevas, como el ver, oler, etc. y le permite tener una conducta y unas tendencias no específicamente determinadas.

Peculiaridades del ser humano

En la biología humana destacan unas características morfológicas y fisiológicas que no sólo le diferencian de los primates más próximos en la escala evolutiva, sino que son biológicamente muy sorprendentes. Entre ellas, podemos señalar las siguientes:
1) Postura erguida y bipedalidad que permiten tener las manos libres.
2) Cambios en el aparato fonador que permiten articular sonidos.
3) Reducción del tamaño y cambio de la forma de la pelvis.
4) El mayor cambio que produjo la hominización ocurrió en el tamaño, la forma y la organización del cerebro, que constituyen el soporte de muchas de sus funciones que se correlacionan con una inteligencia superior.

Conclusión

En resumen, el análisis del puesto del hombre en el cosmos nos ha permitido dos afirmaciones importantes. En primer lugar, el mundo natural es el mundo del hombre. Desde el principio, el mundo fue creado con vistas al hombre y formando unidad con la creación del hombre.

En segundo lugar, el mundo natural es el camino ontológico de la aparición del hombre; es una unidad dinámica en la que la energía vital va desplegándose desde los seres más simples a los mas evolucionados y complejos, de tal forma que, en coherencia con la flecha del tiempo que detecta la biología en el proceso evolutivo, puede afirmarse que de un modo u otro ese impulso tiene un término que es el hombre. Cada forma de vida no es algo neutro ni aislado, sino un estado del flujo que conduce de la nada al hombre.

Los "Objetivos del Milenio" y la pobreza

Farmanova, 2011

En Septiembre de 2000, 189 países aprobaron el documento final de la llamada "Cumbre del Milenio" mediante el cual la ONU parecía haber encontrado un medio para encarar problemas de difícil solución para la humanidad estableciendo algunos compromisos revisables a lo largo de un calendario determinado.

Como en 2005, tocaba en 2010 hacer un análisis del grado de cumplimiento de esos objetivos. Los resultados han sido bastante pobres. Recordemos que la firma del citado documento no fue fruto de un altruismo generoso de los países firmantes, 147 de ellos representados por su jefes de estado o de gobierno, sino de la fuerte presión de numerosas ONGs que llevaban tiempo tratando de influir en las decisiones internacionales que se toman al más alto nivel político.

Pero es que, además, lograron que esos objetivos fueran medibles cada cinco años, de tal manera que los gobiernos dejaran su habitual política teórica y se comprometieran a erradicar una serie de problemas concretos elementales para el desarrollo de los pueblos y a su análisis temporal. No se trata de una serie de actividades que un país determinado puede desarrollar para ayudar a otro país, sino del compromiso conjunto de los 189 gobiernos firmantes para apoyar una estrategia común para la salida del desarrollo.

Los objetivos que se propusieron fueron los siguientes:

1): erradicar la pobreza en el mundo;
2): conseguir una educación primaria universal;
3): avanzar en la igualdad de los géneros;
4): erradicar la mortalidad infantil;
5): erradicar la mortalidad materna;
6): frenar los avances del SIDA;
7): apoyar al medio ambiente; y
8): conseguir un sistema mundial de ayuda al desarrollo.

Indicadores

Un indicador del primer objetivo es el porcentaje de la población mundial que vive con menos de un dólar al día y el objetivo es reducir antes del 2015 a la mitad el total de personas que viven con menos de esa cantidad. Sin embargo, en la actualidad nos encontramos muy lejos de conseguirlo: no sólo no se ha reducido sino que el porcentaje ha aumentado considerablemente. Otro indicador del mismo objetivo es la consecución del pleno empleo y un trabajo decente para las mujeres y los jóvenes... también muy lejos de su consecución.

En cuanto al segundo objetivo, cuando se examinan sus indicadores nos encontramos la misma situación que en el primero. Y algo parecido podemos decir del resto de objetivos.

Y no hay que irse muy lejos. Un informe reciente de UNICEF señala que el 24% de los niños españoles está en riesgo de pobreza relativa, lo cual no significa necesariamente privación, pero sí exclusión; no significa pasar hambre, pero sí muchas posibilidades de estar desnutrido; no significa no tener un techo, pero sí tener una vivienda inadecuada. La pobreza infantil se concentra sobre todo en familias numerosas, en las que el 44% está en riesgo. Y el problema va en aumento como en todo el mundo. En 2010, la tasa de menores de 16 años en riesgo de pobreza ha aumentado de un 23,3% a un 24,5%. ¿Estamos concienciados de lo que significa esto? La lucha contra la pobreza es un deber ético para todos.

¿Igualdad o desigualdad?

Farmanova, 2011

El lema de la Revolución Francesa y de toda la Ilustración fue "Libertad, Igualdad y Fraternidad". Hoy, junto con la Declaración de los Derechos Humanos, sigue siendo la expresión más clara de lo que se denomina civilización democrática occidental.

Para muchos, este lema tenía profundas raíces judeo-cristianas y de la filosofía griega. Sin embargo, está perfectamente comprobado que, mientras la libertad sigue siendo un valor irrenunciable de la comunidad de naciones, las exigencias de la igualdad y la fraternidad se han ido arrinconando e, incluso, se ven postergadas como algo contrario al espíritu competitivo que requiere el vigente sistema de progreso económico.

En el mundo actual impera el abismo de la desigualdad. Según los últimos datos de la ONU, el 1% más rico tiene el 40% de los bienes mundiales, y el 10% acumula el 85% de la riqueza mundial. De los más de 6.000 millones de personas, unos 37 millones constituyen ese 1% más rico. Los tres hombres más ricos (Slim, Gates y Buffet) tienen una riqueza que sobrepasa a los millones que la OCDE dedica a la ayuda oficial al desarrollo.

Estados Unidos y Japón, con un 6,6% de la población mundial, acumulan el 35% del patrimonio neto mundial, mientras que China e India, con un 41,6% de la población sólo acumulan un 16,5%.

Estos datos muy fríos ponen de manifiesto cómo la desigualdad internacional es una realidad muy consolidada. Las desigualdades de ingresos dentro de los países también han aumentado, según el "Informe sobre el Desarrollo Humano 2010". Las mujeres son las más empobrecidas del mundo: cada año mueren 530.000 por carencias de asistencia sanitaria en el embarazo, habiendo aumentado también el número de desaparecidas hasta llegar a unos 134 millones en 2010.

La esperanza de vida es otro indicador de la desigualdad internacional. Por ejemplo, si en 1989 la tasa de mortalidad era 12 veces superior en África subsahariana que en los países ricos, ahora lo es 29 veces más. Eso significa que alguien que haya nacido en Burkina Fasso puede esperar vivir 35 años menos que alguien nacido en Japón. De seguir así, estos países no conseguirán reducir la mortalidad infantil en dos tercios (4º Objetivo del Desarrollo del Milenio) hasta 150 años más tarde de la fecha límite (2015).

De todos es sabido que la pobreza es fruto de la desigualdad social y, por lo tanto, no puede vencerse sólo luchando directamente contra ella, sino interviniendo en los factores desigualitarios que la producen. A nivel mundial, se necesita un programa integral de justicia global que incida verdaderamente en las causas del empobrecimiento y ponga la economía mundial al servicio de un nuevo orden social más justo e igualitario.

Estamos ante algo más que una crisis económica. Solamente cambiando el modelo cultural, se podrá lograr otro tipo de economía. Habría que ir hacia una cultura que considerara prioritaria una nueva distribución de la riqueza tanto a nivel estatal como universal. Moderar el consumo, favorecer un comercio internacional justo, perdonar la deuda externa, reducir los gastos militares para lograr un verdadero desarme para el desarrollo… he aquí algunas de las pistas que podrían contribuir a disminuir la desigualdad entre los miembros de una misma y única comunidad humana.

La Unión Europea y las células madre embrionarias

Farmanova, 2012

El Tribunal de Justicia de la Unión Europea ha dictaminado recientemente que no se pueden patentar los resultados de las investigaciones llevadas a cabo con células madre embrionarias porque "el respeto a la dignidad humana podría verse afectado".

El origen de esta sentencia está en la patente registrada en 1997 por Oliver Brüstle, Director del Instituto de Neurobiología Reconstructiva de la Universidad de Bonn, relacionada con la obtención de células progenitoras neuronales producidas a partir de células madre embrionarias humanas con la intención de tratar determinadas enfermedades neurológicas. El recurso no fue presentado por ninguna institución religiosa sino por Greenpeace, como parte de su estrategia global en contra de las patentes sobre semillas, plantas o animales. Esta organización ecologista declaró que no está en contra de la investigación, sino de la comercialización del cuerpo humano.

Greenpeace reclamó la nulidad de la patente porque el trabajo de Brüstle utiliza procedimientos que parten de células madre de embriones humanos, ya que la Directiva 98/44/CE establece que no podrán ser patentadas las invenciones cuya explotación comercial sea contraria al orden público o a la moralidad. Y, entre ellas, menciona expresamente el uso de embriones humanos con fines industriales y comerciales.

La sentencia de la Unión Europea (asunto C34/10) declara lo siguiente: El artículo 6, apartado 2, letra c) de la Directiva 98/44/CE del Parlamento Europeo y del Consejo, de 6 de Junio de 1998, relativa a la protección jurídica de las invenciones biotecnológicas, debe interpretarse en el sentido de que: *"Constituye un «embrión humano» todo óvulo humano a partir del estadio de la fecundación, todo óvulo humano no fecundado en el que se haya implantado el núcleo de una célula humana madura y todo óvulo humano no fecundado estimulado para dividirse y desarrollarse mediante partenogénesis".*

La vida es vida
Para los partidarios de esta sentencia, toda la terminología biológica que distingue, desde el punto de vista descriptivo, entre las diferentes etapas del desarrollo embrionario (cigoto, mórula, blastocisto, etc.) tiene exactamente el mismo valor que la que usamos para describir las etapas posteriores en el desarrollo fetal y postnatal (niño, adolescente, adulto, etc.).

En todos los casos estamos hablando de un ser humano en diversos momentos de su desarrollo (embrionario, fetal o postnatal). La consideración de la condición de embrión humano a "todo óvulo humano a partir del estadio de la fecundación" es el tradicional caballo de batalla que afecta también a los debates sobre el aborto y las técnicas de reproducción asistida.

No menos importante es la afirmación de que también constituyen un embrión humano las otras dos situaciones mencionadas en la definición amplia utilizada por la Comisión Europea. El óvulo humano tiene la capacidad, entre otras cosas, de reprogramar el DNA de las células diferenciadas que se le implanten, poniéndolo en un estado similar al del DNA del cigoto. Las consecuencias las tenemos en los experimentos de clonación ya conocidos.

Por otra parte, también puede empezar el desarrollo embrionario sin un espermatozoide (partenogénesis). La activación espontánea es rara en el ser humano aunque sucede alguna vez que otra, dando lugar a desarrollos embrionarios que se desvían de la normalidad (Simard, 1957; Oliveira, 2004; Weiss, 2006).

En cualquier caso, la reacción de los investigadores en este campo no se ha hecho esperar, tal como veremos en un próximo artículo.

Inquietud de los científicos ante la negativa de la Unión Europea a usar células embrionarias

Farmanova, 2012

Como veíamos en un artículo anterior, la UE ha dictaminado que no se pueden patentar los resultados de investigaciones realizadas con células madre embrionarias basándose en la consideración de embrión humano a todo óvulo a partir de la fecundación.

Esta sentencia ha hecho saltar las alarmas entre los investigadores de los centros europeos de medicina regenerativa. Diversas sociedades han advertido que se puede afectar el desarrollo de nuevas terapias con grandes beneficios para la humanidad. Aunque se reconoce que, de momento, sólo se frena la patentabilidad, eso representa una fuerte dificultad a la hora de financiar estos trabajos, ya que la industria busca obtener un beneficio económico a sus inversiones.

Como ha dicho algún representante de la industria farmacéutica *"...Una protección adecuada de la propiedad intelectual e industrial es un elemento esencial para incentivar la investigación... cuyo retorno de inversión se mide también por la obtención de patentes... Si se frena la patente en Europa pero no en Estados Unidos, la investigación en el continente quedaría en clara desventaja y perdería competitividad".*

En un sentido parecido se ha expresado la Sociedad Internacional para la Investigación con Células Madre (ISSCR) al subrayar que *"la protección de la propiedad intelectual es crucial para el desarrollo de técnicas, medicamentos y procedimientos para un mejor conocimiento, detección y tratamiento de la enfermedad".*

Pero es que, además, la sentencia excluye de la patentabilidad la utilización de embriones con fines de investigación científica, pudiendo solamente ser objeto de patente la utilización con fines terapéuticos o de diagnostico que se aplique al embrión y que le sea útil.

Así mismo, el mismo artículo de la sentencia excluye la patentabilidad de una invención cuando la información técnica objeto de la solicitud de patente requiera la destrucción previa de embriones humanos o su utilización como materia prima, sea cual fuere el estadio en el que éstos se utilicen y aunque la descripción de la información técnica reivindicada no mencione la utilización de embriones humanos.

Esto complica aún más la situación de la investigación en este campo, aunque la Directiva 98/44/CE reconoce que sólo pretende, mediante una armonización de las normas de protección jurídica de las invenciones biotecnológicas, eliminar los obstáculos a los intercambios comerciales y al buen funcionamiento del mercado interior que constituyen las disparidades legales y jurisprudenciales entre Estados miembros, ya que la falta de una definición uniforme del concepto de embrión humano crearía el riesgo de que los autores de determinadas invenciones se vieran tentados de solicitar la patente en los Estados miembros que sean los más permisivos en este sentido. Esta situación menoscabaría el buen funcionamiento del mercado interior, que es la finalidad de la Directiva.

Dicho con otras palabras, lo que ha movido a la Unión Europea a dictar dicha sentencia no han sido conceptos estrictamente éticos o de defensa de la vida, sino intereses puramente comerciales entre los diferentes Estados de la Unión. Queda por ver cómo va afectar esta Directiva al Programa Horizon 2020, un nuevo programa marco de investigación y de innovación de la UE para el periodo 2014-2020, que está dotado con un presupuesto de ochenta mil millones de euros. En este programa hay dos principios importantes que no son mencionados: la protección de la dignidad humana (art. 1 de la Carta de Derechos Fundamentales) y la primacía del interés y del bien del ser humano sobre el interés de la sociedad o de la ciencia (art. 2 de la Convención de Oviedo).

Problemas éticos de las biopatentes.
I. La Biotecnología

Farmanova, 2012

En artículos anteriores hemos visto los problemas surgidos a raíz de la prohibición de la Unión Europea de patentar los resultados obtenidos con células madre embrionarias, prohibición que puede tener una base económica más que ética.

En efecto, la obtención de una patente se ha convertido en un elemento importante para que las industrias biotecnológicas puedan resarcirse de los cuantiosos gastos que conllevan sus trabajos. Por tanto, en este tema aparece implicado un triángulo constituido por la biotecnología, la rentabilidad y la propia patente.

Concepto de biotecnología

Para algunos autores, este concepto es tan amplio que debe sustituirse por el de "biotecnologías", definiéndolas como el conjunto de técnicas orientadas a modificar y mejorar los organismos vivientes. Según la clásica Enciclopedia de Bioética, la Biotecnología incluye cualquier técnica que utilice organismos vivos para fabricar o modificar productos, para mejorar plantas o animales, o para desarrollar microorganismos para usos específicos. A la vista de la amplitud e importancia de su contenido no es de extrañar que se hable de "revolución biotecnológica" considerándola como la tercera gran revolución del siglo

XX, junto a la energía nuclear y a la información y comunicación.

Revolución biotecnológica y progreso

Normalmente suele establecerse una correlación entre revolución y progreso, si bien no son conceptos sinónimos. El término revolución, desde un punto de vista semántico, significa tanto la acción, el proceso, como el resultado, es decir, tanto el aspecto dinámico como el estático. Una acción se considera revolucionaria cuando se produce súbita e inesperadamente, consumiendo etapas que hubieran requerido mucho más tiempo, que provoca un giro profundo en la sociedad y que despierta temores y esperanzas ante la incertidumbre que genera.

Por otra parte, según del Diccionario de la Lengua Española, progreso indica "acción de ir hacia delante", "avance, adelanto y perfeccionamiento", por lo que no toda revolución por sí misma determina un progreso. Además, habría que concretar de que tipo de progreso se trata: científico, técnico o moral. Lo ideal sería que simultáneamente se dieran los tres aspectos, pero lamentablemente la práctica demuestra las dificultades para alcanzarlos.

Por este motivo, muchos autores entienden por progreso sólo aquello que produce un beneficio para el hombre, una ayuda para el desarrollo armónico e integral del mismo como ser humano que, según el imperativo categórico de Kant, no podrá convertirse en simple medio sino que siempre debe ser fin, objetivo último, finalidad y criterio decisivos (Hans Küng).

Entre el temor y la esperanza

A nadie puede extrañar que ante los modernos avances biotecnológicos surja la pregunta del ¿hasta donde?, por la repercusión de la aplicación de las nuevas técnicas biológicas para el hombre, la sociedad y la propia especie humana. De ahí la necesidad de tomar posiciones, sopesando los beneficios y los riesgos que se pueden derivar y que están dibujando un futuro tan incierto para la sociedad.

Tres cosas parecen seguras. En primer lugar, que la revolución biotecnológica es un hecho inevitable e irreversible; en segundo término, que sus consecuencias poseen un potencial ambivalente susceptible de ser utilizado para bien o para mal y con un efecto multiplicador de sus resultados; y, por último, que todavía es tiempo y responsabilidad de todos para encauzar el proceso biotecnológico hacia objetivos de paz, justicia, progreso y libertad. Esto sugiere un conjunto de normas jurídicas que sea capaz de regular las posibles problemáticas que vayan surgiendo, tal como veremos en números posteriores.

Problemas éticos de las biopatentes.
II. La rentabilidad de la Moderna Biotecnología

Farmanova, 2012

En sentido más amplio, la Biotecnología es una ciencia muy antigua, ya que desde los comienzos de la civilización, el hombre ha utilizado las propiedades de los seres vivos con fines prácticos e industriales en su propio beneficio.

Por eso, es difícil establecer una frontera clara entre la Biotecnología Tradicional y lo que hoy se llama Biotecnología Moderna. Normalmente se suele aceptar que ésta nace con el desarrollo de la manipulación genética, si bien los agricultores y ganaderos han utilizado desde hace muchos siglos la genética para seleccionar y lograr nuevas especies y variedades que le fueran más rentables. Por eso, la corriente más aceptada tiende a aceptar la tecnología del DNA recombinante y de los anticuerpos monoclonales como el punto de partida de la Biotecnología Moderna.

La protección de las invenciones
La Biotecnología Tradicional ha preferido normalmente proteger sus invenciones mediante el llamado "secreto industrial". Sin embargo, el sector industrial de la Moderna Biotecnología no parece tener más remedio que usar las patentes para proteger sus invenciones. Son varias

las razones para explicar este hecho, pero quizás la más importante sea que las empresas biotecnológicas no suelen ser muy grandes, por lo que el único recurso para introducir en el mercado su producto es vender su patente.

Antiguamente, los métodos artesanales se transmitían a círculos muy próximos al inventor, por lo que sólo estos podían conocer el cómo del invento. Hoy día los medios de comunicación permiten un conocimiento casi inmediato de los hechos por muchas personas, por lo que éstas pueden conocer y obtener muy fácilmente un producto o un proceso. Además, el avance de las técnicas analíticas y la obligación legal de señalar la composición de los productos en vías de comercialización, hace casi imposible mantener el secreto industrial.

De todo lo anterior se desprende que la obtención de una patente sea algo fundamental para que las industrias biotecnológicas puedan hacer rentables los grandes gastos que llevan consigo las investigaciones que desarrollan. De esta forma se evita que otras personas puedan producir, vender o utilizar libremente lo que una determinada industria ha inventado.

La necesidad de un marco normativo

Sin embargo la Biotecnología, como otras ciencias que tratan de los seres vivos, no puede quedar al margen de las cuestiones éticas y sociales que suscita su propio desarrollo. Por eso, las leyes que afectan a las biopatentes están sometidas a un continuo debate social y jurídico, dado que son muchas las personas que dudan de la moralidad de algunas de estas patentes.

El primer caso problemático se planteó en Estados Unidos en el llamado "caso Chakrabarty" en el que la Corte Suprema reconoció en Junio de 1980 el derecho a patentar los microorganismos modificados o no genéticamente. Hoy día, a nadie le repugna el hecho de patentar estos seres vivos. El problema ha surgido cuando los avances han hecho posible la manipulación genética de plantas y animales.

De ahí la distinción entre el concepto de patente como monopolio tecnológico y la práctica de una invención que es un principio inmoral. Todo el mundo está de acuerdo en que no tiene sentido conceder patentes para invenciones que repugnen socialmente.

Sin embargo, la Oficina de Patentes Europea recomienda en sus normativas que esta limitación se tenga en cuenta sólo en casos raros y extremos, en los que el público en general *"pueda considerar la invención tan repugnante que la concesión de los derechos de una patente pueda ser inconcebible"*.

No obstante, el mayor problema en este tema se presenta cuando la concesión de patentes pueda tener consecuencias beneficiosas o perjudiciales, según el uso que se les de. En este caso, será necesario establecer los beneficios que la invención pueda aportar al hombre y los perjuicios que se puedan causar el medio ambiente, a la biodiversidad e, incluso, al animal objeto de la invención.

Problemas éticos de las biopatentes. III. El concepto de patente

Farmanova, 2013

Una patente puede definirse como una concesión de deberes y derechos exclusivos que hace un Estado por un tiempo limitado a un inventor para la divulgación y explotación de una invención nueva y útil.

Esto es así, de tal modo que si alguien desea hacer uso de la tecnología patentada, deberá contar con la autorización de quien es el titular de la patente de acuerdo al registro. La patente de invención evita el plagio de las creaciones y permite que el inventor se beneficie con el éxito comercial de su trabajo.

Las patentes biotecnológicas se pueden clasificar, igual que las demás patentes, en tres grandes tipos en función del objetivo sobre el que recaen:

a) Patentes de producto: se trata de una invención relacionada con organismos o con material biológico. Este tipo de patentes no ha tenido validez en España hasta 1992.

b) Patentes de procedimiento: tratan de invenciones relacionadas con procedimientos para la obtención de organismos o de material biológico.

c) Patentes de aplicación: se refieren al uso del organismo o del material biológico.

Requisitos de patentabilidad

Solamente son patentables las invenciones nuevas que impliquen una actividad inventiva y que sean susceptibles de aplicación industrial. Según la Legislación Europea de Patentes, no podrán ser objeto de patente:

a) Los descubrimientos, teorías científicas y métodos numéricos;
b) Las creaciones literarias o artísticas, estéticas o científicas;
c) Los planes, reglas y métodos;
d) Las formas de representar la información;
e) Los métodos de tratamientos quirúrgicos o terapéuticos del cuerpo humano o animal;
f) Las plantas, los animales y los procedimientos esencialmente biológicos, si bien esto último tiene tantos matices que es objeto de continua controversia.

Otro aspecto importante de exclusión de patentabilidad tiene que ver con el hecho de que no se otorgará patente para las invenciones cuya publicación o explotación sean contrarias al orden público o a las buenas costumbres.

Por esta razón no serán patentables el cuerpo o elementos del cuerpo humano como tales, los procedimientos para la modificación de la entidad genética del cuerpo humano con fines no terapéuticos y contrarios a la dignidad de la persona y los procedimientos de modificación de la identidad genética de los animales que supongan sufrimientos o perjuicios físicos sin utilidad para el hombre o el animal.

El tema de la novedad

Se considera que una invención es nueva cuando no está comprendida en lo accesible al público por una descripción escrita u oral, por su utilización o por cualquier otro medio en el momento de la fecha de solicitud de la patente. Sólo en USA, hay un periodo de seis meses antes de que la patente quede invalidada por su publicación.

En este tema hay que distinguir entre invención y descubrimiento. Una sustancia que aparece libremente en la naturaleza es un nuevo descubrimiento y, por lo tanto, no es patentable. Sin embargo, si debe ser aislada de su medio por un procedimiento para su obtención, dicho procedimiento es patentable. A pesar de esta normativa, son muchas las situaciones respecto a los productos naturales muy difíciles de resolver y que pueden sentar jurisprudencia, especialmente cuando se trata de la utilización combinada de productos ya conocidos.

El tema de la actividad inventiva

Es aquella que no resulta del estado de la técnica de una manera evidente para un experto en la materia, es decir, cuando resuelve algún problema técnico no superado hasta entonces. Entre los problemas técnicos se encuentran, por ejemplo, el abaratamiento del proceso o la mejora del rendimiento. Este es el punto más delicado de las patentes biotecnológicas.

El tema de la aplicabilidad industrial

Se considera así una invención cuyo objeto pueda ser fabricado o utilizado en cualquier industria, incluida la agrícola. Este concepto es muy importante a la hora de patentar sustancias biológicas sin que a priori se conozca su utilidad. Sin embargo, no existen muchos problemas a la hora de patentar plásmidos, ya que se equipara el concepto de aplicabilidad industrial a las prácticas de investigación.

La Iniciativa Ciudadana Europea *"Uno de nosotros"*

Farmanova, 2013

Como hemos venido viendo en los últimos artículos, el Tribunal de Justicia de la Unión Europea, en una histórica sentencia de 18 de Octubre de 2011, rechazó las patentes científicas que requieran la destrucción previa de embriones humanos o su utilización como materia prima por violar la "protección debida a la dignidad humana", al reconocer que debe considerarse embrión humano todo óvulo humano a partir de la fecundación.

A partir de esta sentencia, se ha constituido una Iniciativa Ciudadana Europea para pedir a la Unión Europea que se realicen los cambios precisos en la legislación en ámbitos como la salud pública, la educación, la protección de la propiedad intelectual, la financiación de la investigación y la cooperación al desarrollo.

El objetivo fundamental de esta Iniciativa es obtener el compromiso de la Unión de no consentir ni financiar acciones que presupongan o favorezcan la destrucción de embriones humanos en los campos citados, así como establecer los instrumentos adecuados de control sobre la utilización de los fondos concedidos con la finalidad de garantizar que éstos no sean empleados para atentar contra la vida humana.

Qué se pide a las instituciones europeas
Se trata fundamentalmente de la integración de los siguientes actos legislativos:

1.- Principios presupuestarios. Inclusión de un nuevo principio presupuestario de coherencia de obligada observancia: *"Ningún proyecto de presupuesto podrá ser aprobado para la financiación de actividades que destruyan embriones humanos o que presupongan su destrucción"*.

2.- Financiación de la investigación. Modificación de los principios éticos que rigen el Programa Marco de Investigación e Innovación (2014-2020) "Horizonte 2020", de tal modo que se impida la financiación de los siguientes campos:

(a) las actividades de investigación dirigidas a la clonación humana;

(b) aquellas dirigidas a una modificación de la herencia genética de los seres humanos que pueda convertirse en hereditaria;

(c) aquellas destinadas a la creación de embriones humanos sólo con fines de investigación o para la obtención de células madre, incluida la transferencia de núcleos celulares somáticos;

(d) las que destruyan embriones humanos, ni las que impliquen la utilización de células madre embrionarias humanas tras la obtención de éstas.

3.- Cooperación al desarrollo. Modificación de los Objetivos del Instrumento de Financiación de la Cooperación al Desarrollo, de forma que la ayuda comunitaria no se utilice para financiar el aborto, directa o indirectamente, o a través de las organizaciones que lo practican.

El proceso de la Iniciativa

Esta Iniciativa Ciudadana Europea fue registrada en la Comisión Europea el 11 de Mayo de 2012, con el siguiente número de registro: ECI (2012) 000005. A partir de entonces se abrió un plazo para recogida de firmas en los Estados miembros que finaliza el 1 de Noviembre de 2013. En el conjunto de la Unión, deberán recogerse un millón de firmas, en proporción al número de eurodiputados.

En España, deberán recogerse al menos 40.500 firmas. La recogida de firmas puede hacerse en papel o a través de la página web www.oneofus.eu. Finalizado el plazo de recogida (1/11/13), se remitirán las adhesiones a la autoridad nacional competente de cada Estado miembro, que certificará que todos ellos corresponden a ciudadanos comunitarios.

Los promotores de la Iniciativa

El "Comité de Ciudadanos" que ha impulsado esta Iniciativa está compuesto por siete personas de Francia, Italia, Alemania, España, Reino Unido, Hungría y Polonia. Por parte española, está impulsada por las siguientes organizaciones: CideVita, Derecho a Vivir-DaV, Federación Española de Asociaciones Provida, Foro Español de la Familia, Fundación RedMadre, Fundación

Tepeyac, Fundación Valores y Sociedad, HazteOir y SOS Familia.

El "Caso Beatriz" de El Salvador.
I. Antecedentes y situación legal

Farmanova, 2014

El llamado "Caso Beatriz" forma parte de una campaña propiciada en los últimos meses por grupos partidarios de ampliar el aborto en toda Iberoamérica, basándose en las circunstancias que han rodeado el embarazo de un feto anencefálico por una mujer salvadoreña y presentándolo como una situación en la que es necesario el aborto para salvar la vida de la madre.

Antecedentes

Beatriz es el pseudónimo de una mujer de 22 años de El Salvador, enferma de lupus y embarazada de un hijo enfermo de anencefalia. El caso ha sido presentado como el paradigma de los horrores que le pueden devenir a la madre y al hijo si no se modifica la ley del aborto en ese país, manipulando la situación real y tratando de influir en la opinión pública a través de los grandes medios de comunicación. Sin embargo, parece conveniente dejar constancia de la verdadera situación y de los medios con que hoy se dispone para evitar el conflicto entre las dos vidas.

El lupus es una enfermedad relacionada con el tejido conjuntivo que puede manifestarse de dos formas: como lupus eritematoso discoide (LED) que afecta sólo a la piel, y el lupus eritematoso sistémico (LES) que puede afectar a distintos órganos y que suele tratarse con corticoides. El primero no significa ningún peligro para la vida de la madre, mientras el segundo puede presentar problemas como la insuficiencia renal que, según el Instituto de Medicina Legal de El Salvador, no llegó a padecer Beatriz.

La anencefalia que sufría el hijo es una enfermedad de origen multifactorial que origina una alteración del cierre del tubo neural hacia las 6 semanas de embarazo. Esta enfermedad no representaba riesgo alguno para la madre. Aunque la esperanza de vida de los niños anencefálicos suele ser muy corta, hay descritos algunos casos de hasta 10 meses de vida, pero casi siempre suelen morir al poco tiempo de nacer.

Desde el punto de vista médico, siendo un feto de más de 20 semanas, el tratamiento del caso consiste en inducir el parto cuando la salud de la madre lo haga necesario, tal como se hace en hospitales de todo el mundo sin mayores problemas. Sin embargo, los abortistas ocultaron esta posibilidad creando la opinión de que el aborto era la única salida como solución humanitaria del caso.

Situación legal

La legislación salvadoreña penaliza el aborto desde 1998, pero distinguiendo varios casos. El cap. II del Código Penal relativo a "los delitos relativos a la vida del ser humano en formación" distingue entre:

a) Aborto consentido y propio: *"El que provocare un aborto con el consentimiento de la mujer o la mujer que provocare su propio aborto o consintiere que otra persona se lo practicare, serán sancionados con prisión de 2 a 8 años"* (Art. 133).

b) Aborto sin consentimiento: *"será sancionado con prisión de 4 a 10 años"* (Art. 134).

c) Aborto agravado: *"será sancionado con prisión de 6 a 12 años"* (Art. 135).

d) Inducción o ayuda a aborto: *"será sancionado con prisión de 2 a 5 años"* (Art. 136).

e) Aborto culposo: *"será sancionado con prisión de 6 meses a 2 años"* (Art. 137).

El dictamen médico del Instituto de Medicina Legal (IML) de El Salvador concluyó en su informe presentado a la Sala de lo Constitucional que Beatriz podía continuar su embarazo sin que ello le supusiera un riesgo para su vida. El mismo informe determinó que Beatriz no tenía insuficiencia renal, sino un estado de ansiedad reactiva surgido al verse expuesta a situaciones estresantes. La conclusión de este Instituto fue unánime.

La Corte Iberoamericana de Derechos Humanos, en una resolución publicada en 30 de mayo pasado considera que:

a) La señora Beatriz sufre de LED agravado con nefritis lúpica.

b) Actualmente se encuentra en la semana 26 del embarazo y se ha determinado que el feto es anencefálico, anomalía incompatible con la vida extrauterina.

c) En este estado de desarrollo fetal, no puede hablarse de aborto.

d) La señora Beatriz está clínicamente estable, lo que significa que no hay riesgo inminente de muerte.

e) El tratamiento debe continuar con el embarazo y si hubiese complicaciones proceder a su finalización por la vía que le corresponda.

A pesar de todo lo anterior, la manipulación mediática ha tergiversado muchas de estas informaciones, como veremos en un próximo artículo, para promover el aborto en El Salvador y en otros países del mundo donde está penalizado.

El "Caso Beatriz" de El Salvador.
II. Manipulación mediática y solución

Farmanova, 2014

En un artículo anterior introducíamos el llamado "Caso Beatriz" y terminábamos señalando cómo ha sido manipulado por ciertos medios de comunicación para presentar el aborto como única solución posible. Para ello se han inventado una serie de falsedades o medias mentiras, entre las que destacamos las siguientes aparecidas en un diario de gran tirada en España:

1º.- **"Una mujer en riesgo de muerte"**. El Instituto de Medicina Legal (IML) de El Salvador lo negó unas semanas antes en un informe unánime emitido por médicos, psicólogos y psiquiatras, señalando que "se ha vendido a la población algo que no es verdad" y que "se ha presionado a la mujer diciéndole que está sometida al riesgo de morir si no aborta".

2º.- **"Los médicos han aconsejado la intervención de su embarazo"**. Es una afirmación falsa pero muy repetida. El Colegio de Médicos ha denunciado que el nefrólogo del Hospital Nacional de Maternidad donde está internada no ha evaluado a Beatriz: "los que dicen que tiene insuficiencia renal pierden un poco su credibilidad, porque no la ha evaluado el médico que la tiene que evaluar".

3º.- "La mujer, de 22 años, padece lupus, enfermedad renal grave". El IML concluyó que el lupus que padece Beatriz está inactivo y que "no existe evidencia clínica de una insuficiencia renal" que ponga en peligro la vida de la paciente.

4º.- "El feto tiene anencefalia (sin cerebro)". Eso no es completamente cierto, ya que lo que falta es una parte del mismo. Esta carencia, por lo general, hace que el niño viva unas horas o unos días nada más y en muchos casos no sienten ni siquiera dolor. El mismo medio informativo sugería que "es preferible que a un ser humano lo maten antes de nacer si tiene una tara física"... como si esta muerte fuera un acto de piedad.

5º.- "La petición de aborto cuenta con el apoyo de la comunidad médica". La comunidad médica no lo apoya. Como hemos visto, el IML fue unánime al rechazar el aborto, ya que considera que no corre peligro la vida de la joven y que ha sido engañada por ciertos elementos para que piense eso. El Colegio de Médicos tampoco ha apoyado el aborto.

6º.- "Si Beatriz abortase correría el riesgo de cárcel de hasta 30 años". Como vimos anteriormente, el Código Penal de El Salvador no contempla tal pena en ningún caso. La pena más elevada, que contempla en su Art. 135, es de 6 a 12 años para los médicos o farmacéuticos que practiquen un aborto.

7º.- "La presión de la Iglesia salvadoreña y de las organizaciones provida ha sido de tal intensidad que no ha permitido siquiera mover un poquito la doctrina tan

estricta de la justicia salvadoreña". Como es lógico, los exámenes médicos y las sentencias judiciales no los hacen los obispos ni los activistas provida. Como ya se ha señalado, el dictamen en contra lo emitió la Corte Suprema de aquel país, y el diagnóstico contrario a la necesidad de un aborto fue emitido por un equipo de médicos, psicólogos y psiquiatras, sin la intervención de ningún obispo ni activista provida.

8º.- La ciega intransigencia de la justicia y la iglesia salvadoreña dará como más probable resultado una doble muerte: la del feto y la de la mujer que lo alberga". Como se ha demostrado, matar a su hijo no es condición indispensable para que Beatriz viva.

Solución del caso

Se han cumplido todas las recomendaciones médicas, ya que la joven había anunciado previamente que se iba a someter a una cesárea, respetando la ley salvadoreña. La ministra de Salud de El Salvador dijo el día 30 de Mayo que los médicos estaban listos para practicarle un parto inducido y no un aborto, ya que se habían superado las 20 semanas de embarazo.

En un informe oficial, Julia Regina de Cardenal, Presidenta de la Fundación "Sí a la Vida" de El Salvador, comunicaba lo siguiente:

"A las 2:00 h. de la madrugada del día 4 de junio nació por cesárea la hija de Beatriz. El bebé murió cinco horas después. La madre se encuentra bien. Este bebé, en tan corto tiempo, vino con una misión más grande que la de muchos de nosotros: ha salvado quién sabe cuántas vidas

de bebés y a sus madres. También ha demostrado que médicamente no es necesario el aborto para salvar la vida de la madre".

Por otra parte, la solución del caso ha puesto en evidencia que los abortistas han batido todos los records de manipulación, intentando intoxicar a la opinión pública con afirmaciones no del todo ciertas y aprovechando la difícil situación en que se encontraba la joven salvadoreña para propiciar también en otros países las reformas necesarias en las legislaciones correspondientes, así como el negocio que lleva consigo el aborto.

Índice

www.ingramcontent.com/pod-product-compliance
Lightning Source LLC
Chambersburg PA
CBHW070759290326
41931CB00011BA/2084